大学写作通识12讲

送给学术小白的公开课

苏　婧 /著

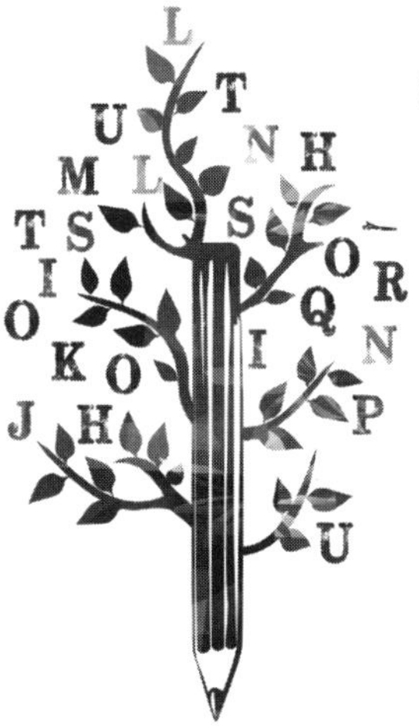

清華大學出版社
北　京

图书在版编目（CIP）数据

大学写作通识12讲：送给学术小白的公开课 / 苏婧著.— 北京:清华大学出版社，2022.12

ISBN 978-7-302-60824-0

Ⅰ.①大… Ⅱ.①苏… Ⅲ.①汉语—写作—高等学校—教材 Ⅳ.①H15

中国版本图书馆CIP数据核字（2022）第080036号

责任编辑：宋成斌
封面设计：傅瑞学
责任校对：欧　洋
责任印制：曹婉颖

出版发行：清华大学出版社
　　　　网　　　址：http://www.tup.com.cn, http://www.wqbook.com
　　　　地　　　址：北京清华大学学研大厦A座　　　邮　　编：100084
　　　　社 总 机：010-83470000　　　　　　　邮　　购：010-62786544
　　　　投稿与读者服务：010-62776969, c-service@tup.tsinghua.edu.cn
　　　　质量反馈：010-62772015, zhiliang@tup.tsinghua.edu.cn
印 装 者：三河市东方印刷有限公司
经　　销：全国新华书店
开　　本：165mm×235mm　　印　　张：10.75　　字　　数：136千字
版　　次：2022年12月第1版　　　　　　　印　　次：2022年12月第1次印刷
定　　价：45.00元

产品编号：095818-01

✍ 自序：你的写作是谁教的？

2021年11月9日，天空湛蓝。写作课下课后，一位大一同学凑到讲台边问我："苏老师，你的写作是谁教的？"这个问题看似稀松平常，但仔细咂摸，却耐人寻味。

对啊，亲爱的读者，你们的写作是谁教的？尽管没有人会反对将听、说、读、写视为任何学生都要掌握的基本技能，但事实上进入大学之后，百分之九十九的高校不会为学生提供专门的写作课程。然而，姑且不说毕业论文需要脱胎换骨地写，内卷化的高校竞争环境也常常迫使学生在本科阶段就要发表学术论文，研究生阶段更是要求学生不攒够几篇像样的S刊、C刊论文就无法顺利毕业，甚至大大小小的专业课都要求学生写上万字的课程论文。一位在清华大学读博士研究生的同学曾经苦恼地跟我说，她的论文不是被指导老师批评"选题不好"，就是被评审专家质疑"逻辑混乱"，或者是被授课老师简单粗暴地打"B-"。但究竟什么选题是好的、怎样逻辑就不混乱、"B-"的文章问题在哪里，却从来没有人真正告诉她。于是问题来了，如果不教的话，学生如何会写？

作为一名讲授写作的老师，我扪心自问，我的写作是谁教的呢？答案恐怕是自学。或者说，就是在一次次失败后自己悟出的门道。我还清楚地记得本科论文写作时的抓耳挠腮，也记得硕士论文写作时的崩溃大哭，更记得博士论文写作时大把大把掉下的头发和抽风一样半夜来了灵感之后的奋笔疾书，以及花费了一整年时间写作的英文稿件被编辑部返回大改时的无奈心酸。庆幸的是，我可能算是悟出门道的少数学生之一，于是才得以在学术界继续苟延残喘，日日苦心思考论文的创作。而更多的学生恐怕会是始终不得要领，甚至干脆讨厌学术写作，这类人尽管逃离了学术圈，但在进入工作岗位后也依然总会在写作与表达上摔跟头、掉沟里。所以，写作必须要教，学生也必须要学，写作是大学生和社会人的基本生存技能。

明确了写作必须要教，那两个新的问题便接踵而至：为什么通常大学不教写作？写作到底要如何教？第一个问题其实不难理解。写作说到底是一组能力而不是一套知识。然而，绝大多数高校本科阶段的培养方案就是给学生们灌输一整套专业的知识体系，而不是赋予一组能力——这通常会被理解为技校或者大专要做的事情。比如机械专业，同学们本科阶段主要学什么呢？当然是有关机械与制造的专业知识体系。他们一定都需要会焊接和维修电梯吗？当然不用。写作在大学被忽视，反映了大学教育的两个典型现状：以专业培养为主体、以知识传授为主要目的。这种培养模式曾经是奏效的，但也越来越显示出它的弊端：一方面，信息社会知识爆炸，大学四年如果以知识传授为重点，很可能的结果是四年之后或者最长十年之后，学生所学的知识就全部被淘汰了，大学约等于没学。典型如新闻传播专业，我本科阶段学习的有关报纸的一整套知识如今几乎都没有了用武之地。唯有能力才是长远的、可转化的、可持续的。另一方面，跨专业的通识型人才越来越紧缺，很多专业领域都陷入了停滞不前、内部极卷的尴尬境地，唯有具备"跨、通、全"的学生甚至学科才有发展和出路。但学生们往往已经被塞在了本专业精细化的小格子里，出不来、也不会出来了。正是在这一背景下，清华大学开启了本科教育改革，书院制、写作课是其中两大亮点。书院建设初衷之一就是为了打破专业分工的壁垒，尽量让学生更有韧性、弹力和活力；写作课则被定位为通识基础课，核心是能力培养，要求大一所有专业学生都必修。

但其实知识传授简单，能力培养很难。这就涉及第二个问题，写作要如何教才算是好？巴金先生的"只有写，才会写"是一种玄之又玄的理念，只有怎样地写，才会怎样地写呢？很多学生都是直到做完博士毕业论文才意识到自己之前写的都算是瞎写、白写。

有一学期课程过半，有位大一学生找我聊天，他说："苏老师，我的其他专业课老师的 PPT 一节课有百页，您怎么十页都不到呢？"我笑着回答他："你的观察很仔细，你也发现了秘密，你离入门不远了。"

既然写作是能力培养而不是知识传授，那自然不需要那么多所谓的知识点和所谓的 PPT。关于学术写作，需要学生记住什么是选题、什么是文献、什么是论证吗？当然不必要。但学生要提出有质量的选题，也要找到关键的文献，还需要拿出有理有据的论证，所以写作其实是一组能力的综合。我把这组能力简单概括为：思维能力、表达能力、学术能力。思维能力是写作的基础。写作需要独立思考，不人云亦云；需要逻辑思维，不囫囵吞枣；还需要"思维的思维"，学会审视自己的思维过程，挖掘思维的潜力。表达能力是写作的核心。写作是从无序到有序的过程，也是从激发关注到成功说服的过程，更是作者与读者、作者与自己对话的过程，它不考验文字的华彩，而考验表达的效力。学术能力是学术写作的特征。它不是套路，也不是八股，它的核心是问题意识、文献能力、论证艺术、研究理论和方法路径。

从这个角度，巴金先生的"只有写、才会写"也是有意义的，因为能力培养与知识传授最大的不同在于后者的主体是老师，老师教给学生知识点，学生被动地听、记忆、默写或练习。但前者的主体一定是学生，老师的作用是 engage, enlighten, empower，即激活学生、启迪学生、赋能学生，最终还是要靠学生主动地习得这个能力，并通过持续、自主、能动的实践将其内化成真正属于自己的长期能力。因此，在清华大学的写作课上，学生们必须上半学期完成短文一篇（3000 字）、下半学期完成长文一篇（5000 字）的写作，每一篇文章都经历了过选题、提初稿、老师给出

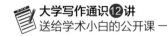
书面修改意见和一对一面批交流、学生修改并提交终稿的艰辛过程。因此真正重要的恐怕不仅是每周课上我讲授的 90 分钟，而是课下他们投入的不可计数的日日夜夜。同学们也会经历从学期初惧怕写作到学期中几近放弃，再到期末发生可喜的蜕变的历程。

上述几个问题回答完，相信读者自然明白了我的意图。如果你所在的高校提供写作课，那么恭喜你，你很幸运，但请你不要像上其他课一样上写作课，写作课不仅需要听和记，更需要综合调动你的大脑、手脚和嘴巴，需要你将更多功夫花在写作课下。但如果你的高校不提供写作课，那么也请你不要灰心，这本书也许可以成为你习得写作能力的起点。当然，它仅仅只是起点，它可能激活你对学术写作的兴趣，也可能给你若干学术写作的提示，但它无法解决你在学术写作中遇到的所有问题。千里之行始于足下，爱上写作，从开始写作做起吧。

苏婧于清华园

2021 年 12 月

前　言

　　此书脱胎于笔者在清华大学讲授的写作与沟通课，是写给学术小白、小萌新们的一本小书。它并不是一本严肃说教的厚重专著，它更像是一本枕边书，欢迎读者在每天睡觉前放下手机，用十五分钟的时间看一看、听一听、想一想、悟一悟。

　　对于刚刚迈入大学校门的小萌新们而言，学术写作或许是个遥远的概念。但本书并不真正涉及深奥的写作理论或者专业写作的研究方法，它是通识的，也是广谱的，它更看重的是通过写作对学生思维能力和表达能力的历练，而习得这些能力将会使学生们终身受益。事实上我的写作与沟通课面向的就是大一新生，这堂课或者这本书的重要使命之一就是使这些学术小白们告别高中套路式、应试型的写作，也告别老师灌输和传授知识点、学生背诵和默写知识点的学习方式，让大一的你们转变为能够独立思考、自由写作、自主探究的研究者、学术人。

　　本书包括 12 讲，它们是：选题、文献、思维、论证、结构、点睛、首尾、图表、棱镜、量表、修改与阅读，这些都是学术性写作的关键要素。每一讲后设有思考题，同学们可以边看边想，甚至边看边写，可以把感想或习作发给苏老师互动。①

　　选题永远是学术性写作要过的第一关，也是最重要的一关，直到今天，苏老师的科研工作与发表的文章也必须要过选题这一关；选题的秘诀是找到谜题，找到让自己感兴趣、产生研究动力的那个好奇与困惑，好的文章

---

① 作者邮箱：sujingxw@tsinghua.edu.cn

必然是问题导向式的回答，而不是基于素材的东拼西凑。文献是学术性写作的标志，是大学写作与高中写作的主要不同，文献能力是一组能力的组合，从文献到文章就是从混乱走向秩序的过程。思维是学术性写作的核心能力，是大学写作的初心，也是大学写作的目的；越来越多的高等教育研究者意识到高等教育的重心绝不仅在于赋予学生知识与信息，而更在于激活与赋能，通过写作达成学生思维质量的提升才是高等教育最看重的。

如果说思维是学术性写作的灵魂，文献和论证是学术性写作的血肉，那么结构就是学术性写作的骨骼，标题、首尾、摘要和关键词则是学术性写作画龙点睛的地方。两分论八分证，学术写作不是夸夸其谈，而应是有理有据的论和证，学术写作中的论证意识会让学生们更讲求逻辑、更严谨求实、更注重批判性思考。文章的结构更要精心搭建、层层深入，才能赋予学术写作完整、有生命、有活力的形式。点睛要花费心思、字斟句酌，才能让学术性写作脱颖而出，让文章开口说话。

此外，一篇有高级感的学术文章必然要运用图表，其不仅可以集中展示研究的核心数据，也可以帮助读者直观地理解作者的意图。一篇质量上乘的学术文章从起草到发表还要经过多轮的修改与打磨，慢工出细活，写作不是科举考试般的奋笔疾书，而是日臻完善的过程。棱镜和量表推荐给已经初步入门的年轻学者，前者将有助于拓深文章思辨的程度，并对研究问题进行更有学术性的探讨，后者则能够帮助作者建立一种科学有效的文章自我评价方式，从而可持续地推动作者写作能力的提升。

最后我想说的是，阅读是写作的基础和起点，没有持续性的知识与信息的输入必然无法产生持续性的、有价值的输出。我建议每一位大一新生都结合自己的阅读兴趣以及师长们的推荐，给自己列一份大学必读的书单，书不需要多，大学四年认认真真读完 20~30 本经典学术书籍恐怕就已经会有非常多的收获。当你们不再需要外界的指导和帮扶，能够在"为伊

消得人憔悴"的状态中不断打磨自己的作品，甚至十年磨一剑，推出自己
的代表大作时，你们恐怕就会和王国维先生产生同样的感慨，"蓦然回首，
那人却在灯火阑珊处"。共勉。

苏婧于清华园

2021 年 12 月

目 录

第1讲

好选题是文章的驱动力：

浅谈学术性写作的选题

　　俗话说，好的开始是成功的一半。作为学术性写作的起点，选题对于学术著作的贡献却往往要大过一半，甚至起到决定性的作用。诸多传世的学术佳作，譬如苏珊·桑塔格的《疾病的隐喻》、威廉·麦克尼尔的《瘟疫与人》、汉学家薛爱华的《撒马尔罕的金桃》、杨念群的《再造病人：中西医冲突下的空间政治（1832—1985）》，等等，尽管都饱含了作者在社会调研、文献收集、分析论述上的功力，但几乎都是首先在选题一环就别具一格、令人叫绝，从而迅速脱颖而出，起到了引领相关研究领域学术发展的作用。本文将结合笔者的教学与科研经历，从什么是选题、如何找到选题、如何评价选题等方面谈谈学术性写作的选题问题。

1. 区分主题、选题、问题和谜题

　　选题，顾名思义是对学术写作的题目进行选择、取舍、打磨和裁剪的过程。选题是学术性写作具有特色的环节，也往往是学术性写作要过的第一关。从小学到高中，学生写作文往往是不用"选题"的，因为老师会"命题"，即题目是出题人给定的、基本不用选择和打磨，只不过学生们需要使用不同的素材来论述给定的题目。进入大学之后，学生要慢慢成长为一个自主独立的研究者，而其中至为重要的转变就是不再依赖老师或者导师给予的题目，而是能够自主地发现自己感兴趣且值得研究的题目。因此，学会选题也是一名研究者入门的标志。

刚刚接触学术性写作的研究者需要注意区分四个颇为相近的概念：主题、选题、问题和谜题。

主题，是指学术性写作的范畴，而不是具体的题目。譬如在清华大学为大一新生开设的必修课《写作与沟通》中，每一个班都会围绕一个特定的主题展开写作，主题设置遵循"有学理深度、无专业门槛"（校长语）的原则，覆盖面非常广，譬如健康、报纸、九十年代、工程师、《史记与司马迁》、大航海时代和信息社会下的隐私，等等。在相关主题下，任何视角的写作都是可以的。然而，每当学期伊始问到学生会写作怎样的题目时，还是会经常听到如下的经典问答："老师，我想写艾滋病。""你想写艾滋病的什么呢？""嗯，就是艾滋病，我对艾滋病很感兴趣。"这里，"艾滋病"其实是总主题"健康"下的子主题，依然只是写作的范畴，而不是具体的题目。因为关于艾滋病，可以研究的方向千差万别，譬如艾滋病的致病机理、艾滋病的社会防治、艾滋病患者的歧视来源、艾滋病疫苗研发的困境，等等。故在选题时仅仅想到主题范畴或者个别的关键词是远远不够的，至多可以被称为是选题的起点。

从主题到**选题**，就好像把镜头从远处模糊的地方慢慢拉近，聚焦到某个具体的图景上。选题即是具体可操作的写作题目，它不仅包括学术性作品的标题，也往往包括在文献检索、阅读和综述的基础上，作者写作这个题目可能要采取的研究路径和理论基础。在清华大学的《写作与沟通》课上，因为面对的是各个专业的大一新生，所以并不要求学生在写作时采用严格的方法或者精深的理论，但仍然会要求学生对相关文献进行阅读和整理，并说明选题可能的创新之处。作为具体可操作的写作题目，选题不能过于宽泛，譬如《战争与瘟疫》这个选题，要把古今中外发生的战争与瘟疫有什么关系都论述一遍，这是一篇文章不可能完成的任务，而需要整个学术共同体去论述和研究。选题也不能过于细碎，譬如《清华大学万人食堂外卖模式的可行性探究》这个选题，即便可以写作成文也不具备发表的价值，毕竟除了部分清华学生，这是没有人关心、也不会对社会有什么影响的选题。相较而言，一篇题为《赤壁之战曹军败北与瘟疫之间的关系探究》①就是合适的选题，既不是泛泛而谈瘟疫与战争的关系，也没有细枝末节到对曹军某个军师、将领患了什么病进行研究，选题不大不小，不冷不热，火候刚好。

提出适当的研究**问题**是做好选题的关键，也是选题的题中之意。研究问题确定了学术性写作的赛道。没有问题的指引，写作往往就会漫无目的、无病呻吟。爱因斯坦曾经说，提出问题常常比解决问题更重要，因为提出新的、引领性的问题更需要创造性的想象力。研究问题的质量是有高低之分的。很多人觉得学术性写作难，往往是因为缺乏问题意识的训练，提不出高质量的研究问题。缺乏问题意识或问题意识弱的人一般只能提出一些表面的、描述性的研究问题，比如"对艾滋病患者的社会歧视是怎样的？""对艾滋病患者的社会歧视要怎样消除？"问题意识强一些的人则往往在提出研究问题的时候就已经融入了思考与思辨，比如同样以对艾滋病患者的歧视作为选题，他可能会提出"对艾滋病患者的社会歧视是群体

---

① 对于赤壁之战，《三国演义》只是小说而并非正史。《三国志·蜀书·刘璋传》是这样记载的"会曹公军不利于赤壁，兼以疫死"；《三国志·吴书·吴主传》也有描述，"公烧其余船引退，士卒饥疫，死者大半"。也就是说，历史的真相可能并不是"火"这个字，而是"疫"这个字。相关讨论可见文献 [1] 符友丰.曹操兵败赤壁原因何在 [J].医古文知识，2004(1)：26-27 和文献 [2] 魏明.赤壁之战曹操战败之谜 [J].文史博览，2017(4)：63 等。

无意识的行为吗？""媒体的报道是对艾滋病患者社会歧视的元凶吗？""表达歧视的背后，人们有怎样的心理动机？""艾滋病患者受到的社会歧视有可能被彻底消除吗？为什么？"等。显然，经过思维加工的、更高质量的研究问题更像文章写作的引擎与动力，能推动和指引作者深入探究相关话题，写出的文章更具有发表的潜力。

举一实例。在笔者所教的写作课上，A 同学的选题是《普利策与赫斯特的新闻理念对比研究》，B 同学的选题是《普利策与梁启超的新闻理念对比研究》。这两个选题孰高孰低呢？答案是 A 会稍胜一筹。因为尽管两者都是对比研究的路数，但普利策与赫斯特是有比较意义的，他们生活在同一时代的美国，有着较为相似的办报经历，彼此之间还曾经竞争过，进行对比研究是有价值的。相反，普利策与梁启超就没有什么可比的意义，前者是美国人，后者是中国人，前者是商业报刊的大亨，后者是政治办报的主笔，前者处于美国报业繁荣的时代，后者处于中国报业才刚刚兴起的时代，这种差异必然使得两人的新闻理念南辕北辙、相去甚远，完全没有比较论述的必要。

再看看 C 同学的选题——《普利策与赫斯特后世评价差异的原因探究》，这个选题与 A 同学的相比又如何呢？显然，C 同学的选题是最理想的，因为这个选题具有更为清晰的问题意识。A 同学也好，B 同学也罢，他们的问题意识都是很浅的，无外乎就是普利策的新闻理念是怎样的？赫斯特或梁启超的新闻理念是怎样的？两人有什么差异？有什么相同？ C 同学能够脱颖而出是因为他提出的研究问题是经过文献阅读和精心思考的。C 同学发现，普利策和赫斯特其实有很相似的办报经历，两人都曾经为穷人代言，但也都欺压过报童，两人还都染指黄色新闻并发动了黄色新闻之战。于是问题来了，为何在后世的评价中普利策被捧到了天上，而赫斯特被踩在了地下？他想对这背后的原因进行探究。仅从选题这一环就可以预见到，

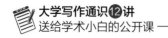
C 同学的作品会更加深入且有逻辑,而 A、B 同学的论文则可能仅仅就是资料的堆砌而已。

最后谈谈**谜题**。相较问题,谜题更突出一个"谜"字,即好的研究问题并不是一眼看去就知道答案的,而是有困惑、有矛盾、有冲突、有谜团,要经过一番研究才能揭开谜底。"问题是文章的引擎。谜题是文章的救星。"[①]在上述 A、B、C 三位同学的选题中,C 同学的研究问题就可以被称为是一个谜题,而 A 和 B 两位同学只能说是提出了初步的研究问题而已。在笔者看来,观察学生是不是在学术性写作方面入门了、上道了,很重要的评价指标就是看他 / 她能不能提出谜题。很多人从小到大都在写作,但往往习惯于观点先行,比如文章一开头就提出"勤奋才能出成绩",然后就古今中外旁征博引地论证,最后再来个总结,这样的文章严格来说并不是学术性的写作。真正的学术性写作在选题的时候往往作者心中是没有答案的,而是要在研究问题或者谜题的层层指引下一步步地找到答案并论证表述出来。

C 同学就是这样,提出《普利策与赫斯特后世评价差异的原因探究》这个选题时他并不知道答案,但因为这里有谜,于是他就饶有兴趣地收集资料、甄别分析。几天后,C 同学告诉我说他找到了初步的答案,即美国的价值观美国梦(American Dream)可能是导致后世评价差异的原因,他发现普利策与赫斯特出身不同,前者是匈牙利裔移民,勤奋刻苦,通过自己的努力打拼慢慢成为了成功人士,将之奉为榜样在鼓励各国移民的 19 世纪末 20 世纪初的美国是符合主流意识形态的,而后者则是含着金汤匙出生,家里有矿、财大气粗,不适合被抬高成为行业乃至社会的楷模。然而,C 同学又提出了一个新的谜题——如果美国梦是导致两人后世评价

---

① 刘军强 . 写作是门手艺 [M]. 桂林:广西师范大学出版社,2020: 48-58.

差异的原因的话，那为何在不讲美国梦的中国，在新闻类教科书中也是将前者捧在天上、后者贬到尘埃呢？顺着这个新的谜题，他可以继续深入探究下去，文章也就又往前推进了一步。由此可见，当选题中包含谜题且谜题是环环相扣、由表及里的话，文章的写作也就势如破竹、不费气力了。

2. 经历、观察和阅读都可以激发选题

选题的重要性毋庸赘言。然而，"选题从哪里来？""我怎么能想到这些研究问题和研究谜题？"却是许多初学者最头疼的问题。尽管一言以蔽之，**找选题是没有捷径的，要依仗研究者的学术积累和社会积累**，但选题来源的大体方向是可循的，无外乎是以下四种：个人经历、社会观察、资料爬梳、文献阅读。

个人经历是可以激发选题灵感的。这方面，最经典的例子莫过于苏珊·桑塔格的《疾病的隐喻》，这本薄薄的小册子在全世界产生了巨大的反响，各语种再版无数。如今，疾病的隐喻这一概念已经广泛地被使用于社会学、政治学、文学、史学、公共卫生和新闻传播学等各个学科领域，杨念群先生在《再造"病人"：中西医冲突下的空间政治（1832—1985）》一书中就坦言自己受到了桑塔格的影响。[①]《疾病的隐喻》其实是桑塔格两篇文章的合集，一篇是关于结核病和癌症的隐喻，一篇是关于艾滋病的隐喻。之所以找到这个选题，是因为桑塔格在中年时被查出患有乳腺癌。在20世纪70年代这就等于她被宣判了死刑。她发现，作为乳腺癌的病人，她和病友不仅蒙受着身体上的痛苦，也被附着在癌症这种疾病上的"种种

---

① 杨念群. 再造病人：中西医冲突下的空间政治 (1832—1985)[M]. 北京：中国人民大学出版社，2006.

惩罚性的或感伤性的幻象"① 折磨着。于是，一本不在于描述疾病，而在于分析"疾病被当作修辞手法或隐喻加以使用的情形"② 的经典著作诞生了，桑塔格自述："我写作此文，是为了揭示这些隐喻，并借此摆脱这些隐喻。"③

个人的经历是有限的，敏锐的**社会观察**同样也可以成为选题的来源。《疾病的隐喻》的下篇关于艾滋病隐喻的分析就来自桑塔格的社会观察。在切除乳房和接受化疗之后，她幸运地战胜了病魔，并从此更为关注身体的疾病是如何转化成为道德评判甚至是社会压迫的这一命题。20 世纪 80 年代以来，艾滋病出现并在全球扩散，桑塔格发现"曾经加诸癌症之上的那些负担因另一种疾病的出现而缓解了，这种新出现的疾病被填充了大得多的耻辱感，其摧毁个性的能力被认为强得多"④，这种疾病就是艾滋病。于是，艾滋病及其隐喻成为了桑塔格继续研究和写作的对象。在我的写作课上，在选题训练这个环节往往会组织学生进行以"我观察到一个现象"为开头的造句，让大家头脑风暴、相互激发。一堂课下来大家可以发现很多被观察到的社会现象都有成为研究选题的潜质。比如："我观察到一个现象，魏则西事件后人们依然习惯上百度寻医问药，这背后的原因是什么？""我观察到一个现象，家长不敢带孩子打计划免疫的疫苗，但是HPV 疫苗却供不应求，这是为什么？""我观察到一个现象，几乎所有的报纸都开发了新媒体，但是《参考消息》却没有，这是为什么？"，等等。

除了做生活的有心者，选题更多时候来自研究者的**资料爬梳**或者**文献阅读**。两者的区别是文献阅读一般是指对学术性著作的阅读（如研究论文、学术书籍、学位论文等），资料爬梳则更多是对非学术性资料的收集，比如史料、档案、一手的报告（行业调研、田野笔记等）、新闻报道甚至是杂书杂文。很多初学者觉得多看看学术论文自然就会写了，但却往往被淹

---

①②③④ [美] 苏珊·桑塔格 . 疾病的隐喻 [M]. 程巍，译 . 上海：上海译文出版社，2003.

没在枯燥无味、刻板套路的论文海中，越读越没有兴趣。相反，为了能够找到新颖别致、有研究价值的选题，笔者却鼓励学生不妨看看杂书，尤其要跨界地看、找感兴趣的看。媒体人许知远的学术力作《青年变革者：梁启超（1873—1898）》就是他看杂书的结果，他最喜欢流连美国旧金山哥伦布街上的城市之光书店。一次意外的邂逅，许知远看到梁启超、泰戈尔、贾马尔丁·阿富汗尼（阿富汗近代的思想家）并列在一本书的封面上，于是他突然被击中了，他意识到"梁启超常常仅被置于中国自身语境中叙述，很少被放在世界维度中，但他其实是上一波全球化浪潮的拥抱者，在轮船、电报、铁路、印刷术构造的现代网络中游刃有余"[①]，于是一本以梁启超的视角重新审视全球变革中中国近代史细节的皇皇巨著开始酝酿。

当然，仅看杂书是不够的，获得灵感之后还是要通过对文献的阅读进一步锁定精准的研究方向和选题。作为全球疫病史开山之作的《瘟疫与人》，其选题就来自作者 20 多年的文献积累。威廉·麦克尼尔自述，为撰写《西方的兴起：人类共同体史》（*The Rise of the West*：*A History of Human Community*）一书，他开始涉猎西班牙征服墨西哥的历史，在文献整理时，他发现一个难以解释的谜题，即为何不足 600 人兵力的西班牙海盗头子科尔特斯团伙，能以一己之力血洗数百万人口的中美洲阿兹特克帝国？学术界通常的解释，比如欧洲人的枪炮技术或者西班牙人狡猾的纵横捭阖伎俩都不能令他满意，直到他发现了真正的谜底——天花。这种欧亚大陆古老的疾病被传到了新大陆，让印第安人遭受了灭顶之灾。于是，他开始精心地收集历史中的疫病素材，并耗尽心血撰写了首部"将疫病史纳入历史诠释范畴……并把传染病在人类历史中的角色还置于更为合理的地位上"的学术著作——《瘟疫与人》，该书对罗马帝国的崩溃、佛教和基

---

① 许知远. 青年变革者：梁启超（1873—1898）[M]. 上海：上海人民出版社，2019.

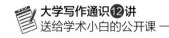

督教的兴起、欧洲的扩张、印度种姓制度的兴起、大英帝国的崛起等历史现象从疫病的角度进行了重新解读①。

3. 选题的评价标准是小、清、新

文无第一，武无第二。不同的学科领域对选题通常会有反映学科特色的评价方式，比如社科类鼓励量化实证类的选题，人文类则偏爱定性阐释类的选题，哲学选题要思辨，管理学选题则要务实，中文方向的选题要反映通识基础，工科方向的选题则要精深前沿……本文无法一一论述每个学科选题的评价标准，但整体而言，学术选题应当遵循的标准是：**小、清、新**。

评价选题的第一个标准是"**小**"。初学者最常犯的选题问题就是过于笼统和空泛。试看以下三个选题：《唐诗中的风景描写研究》《李白诗中的风景描写研究》《李白诗中月的意象研究》，哪个选题更好一点呢？答案自然是最后一个，因为选题聚焦。全唐诗共有 4 万多首，古人又喜欢寄情山水，唐诗中沾了风景的诗很可能占了 1/3、保守估计也得有 1/4，1 万多首诗，一篇学术文章怎么能研究得过来呢？恐怕围绕这一选题进行写作只能是蜻蜓点水、浮光掠影、略举一二。诗仙李白流传下来的诗有 900 多首，其中与风景相关的很可能占了一半，都分析也是不太现实的；但与月相关的也许只有 1/10，100 多首诗的体量是适合研究的，起码作者能够做到整体通读、掌握样本，甚至可以进行统计，比如将月放在标题里的有多少首、放在首句的有多少首、与月共现最多的事物或意象是什么？等等，这样分析就有的放矢了。

---

① [美] 威廉·麦克尼尔 . 瘟疫与人 [M]. 余新忠，毕会成，译 . 北京：中信出版社，2018.

如何让选题变小呢？笔者提供两个小办法。

第一法，关键词法。前文提到，每当学期伊始我问学生打算写什么时，学生往往只能挤出一个词，比如"我想研究艾滋病""我想研究医生形象""我想研究自杀""我想研究白血病"等。这时，我就会让他们在已有关键词的基础上再想 2~4 个关键词，加在一起组成一个选题。比如，"艾滋病 + 感染者 + 社会歧视 + 来源"，选题就是《艾滋病感染者的社会歧视来源研究》；"医生形象 + 媒体 + 妖魔化"，选题就是《媒体是罪魁？医生形象被妖魔化的原因探究》；"自杀 + 社会传播 + 防范机制"，选题就是《自杀的社会传播现象与防范机制的研究》；"白血病 + 偶像剧 + 女主角 + 患病情节"，选题就是《白血病最美？流行韩剧女主患病情节的研究》等。关键词法的好处很多，除了可以缩小选题之外，对于学生日后学习如何撰写论文的摘要与提取关键词也大有裨益，不妨尝试。

第二法，具象法。由于受到高中作文写作训练的影响，初学学术性写作的人往往喜欢宏大叙事的命题，比如"战争与瘟疫""报纸上的游戏""传统媒体的危机"等，这样写出的作品往往大而无当、人云亦云。不妨把远景调成特写，想一想是哪一场战争、哪一场瘟疫，哪一份报纸、哪一种游戏、什么样的传统媒体（如报纸、杂志、广播、电视等，更可以具体到《人民日报》《新闻联播》）、什么类型的危机（信任危机、经营危机、人才危机、文化危机）等，让选题更精准、更聚焦。

第二个标准是"**清**"，即选题要清楚，标题不冗长、不拗口、没有歧义、文从字顺。选题不等于标题，但标题是选题最直观的表现，要字斟句酌，精心打磨。在笔者"报纸"主题的写作班上，一位同学想论述机器人写作对传统新闻业造成的挑战，她的标题是《小冰的阳光与玻璃窗》[1]，这一标

---

[1] 注：小冰是微软推出的机器人的名字。

题过于朦胧美和文艺范了，学术写作的标题还是应当直截了当，而不是让人雾里看花。另一位同学想分析美国历史上传媒行业垄断的原因，他的标题是《美国19世纪20世纪初大众传媒兴起伴随而来的传媒业垄断的出现及长时间持续的原因探究》，这一标题过于冗长繁杂了，其中出现的时间和一些副词可以省去。一般而言，标题超过20个字就很有精炼的必要了。

选题也要清晰，问题意识突出、关键词明确。问题意识和关键词前文已经阐述过，此处不再赘言，但需要强调的是选题切忌作成百科词条，即选题不是个筐，别什么都往里装。比如，《梁启超与〈时务报〉》就是百科词条式的，可以预见，这篇文章无外乎就是把梁启超是谁、梁启超做过什么、《时务报》是什么报纸、《时务报》成立的经过和梁启超的贡献等一一铺陈罗列，这至多是一篇公众号文章，达不到学术研究的水平。如果改为《梁启超的"时务文体"分析》就好些，起码有了基础的问题意识，表明此文是对梁启超通过《时务报》逐步形成的政论文体的特色与影响进行分析。《跨出口岸：基于"士林"的〈时务报〉全国覆盖》则是一篇佳作，作者意识到近代中国的交通系统和物流系统都甚为落后，那么《时务报》是如何取得全国范围内的发行成绩就值得探究，通过史料的爬梳与分析，作者最后发现"正是得助于在全国既在且遍在的士林阶层，以《时务报》为代表的'士大夫之报'才能迅速借用到可观的人力资源，稳定地跨出口岸、深入内陆。"[①] 可见，清晰的问题意识是打开好选题、好文章写作之门的钥匙。

第三个标准是"**新**"，即研究问题、研究视角要有新意，有望产出具有新意的研究假设、研究发现、学术观点。"新"是相对的概念，本科论文要求的创新与博士论文要求的创新自然不可同日而语。但对于初学者而言，要有追求创新的意识，即要通过持续不断的研究，开阔视野、锻炼思

---

① 朱至刚.跨出口岸：基于"士林"的《时务报》全国覆盖[J].新闻与传播研究,2017,24(10): 89-102.

维、加深认识。在笔者的写作课上，经常有学生问，"老师，我发现自己想写的题目在知网上已经有很多类似的，且都谈出了我想谈的，我还要不要写呢？"我的答案都是很坚定的"建议不写"。尽管作为作业，没有学术创新性似乎无伤大雅，但学术性写作的根本目的其实并不在于写作这两个字，而在于思维的训练。建立独立、批判、自主、思辨、创新的思维方式，是进行学术性写作训练的终极目标。从这个角度而言，把二三十篇知网文章看一遍再转化为自己的语言表述出来是舍本逐末的，没有任何意义。这不仅没有锻炼思维、激发研究的兴趣，还有可能让学生从最开始就养成"洗稿"的毛病，走上学术不端的不归路。因此，选题时不看文献拍脑门子提题目是不行的，必须要在文献检索、阅读、整理乃至分析的基础上提出自主且有新意的研究角度，清楚地知道自己的研究与他人的研究边界在哪里。

选题只是学术性写作的起点，从选题到成文是一个漫长的历程，至少还要包括文献、构思、提纲、选材、论证、总结、点睛（即撰写摘要和关键词）、润色、投稿、多次修改等步骤，才能走到发表的终点。每一次的发表又都是学术研究进程中的里程碑，鞭策着学者继续向前。关于学术性写作的其他步骤和要素，本书将在后面的几讲中展开。

最后再提一个小贴士，初学者不妨建立自己的"选题银行"，可以准备一个小盒子，把生活中、学习时、阅读时、交谈时甚至看剧时突然想到的选题灵感记录在小纸条上、放到盒子里，有空就琢磨琢磨、查查文献、头脑风暴一番，久而久之可做的选题就会越来越多，学术功力自然也就长进了。

想一想，说一说

1. 主题、选题、问题、谜题的区别与联系是什么？

2. 说一说，什么是有质量的研究问题，如何能够提出有质量的研究问题？

3. 评价选题的标准是什么？用此标准评价一下你写过的学术写作文章，哪一个是比较好的选题？你是如何找到这个选题的？

第 2 讲

从混乱到秩序：

学术性写作的文献能力

　　文献能力是学术性写作的关键能力。从某种意义上讲，是否应用文献是区别学术性写作和其他类型写作的重要标志。刚刚进入学术研究领域的初学者往往都是从查找文献、文献综述和规范引用文献学起。事实上，学术性写作的文献能力是一组能力的综合体现，它既关乎基本的学术规范和伦理道德，也反映着一个学者做学问的水平。一个典型的指标是，博士学位论文的参考文献往往是以百为单位；而本科学位论文的参考文献一般只有区区几篇到十几篇。很多学者在购买学术专著时，除了标题和引言，还要看参考文献的丰厚程度及其质量，这能反映写作者的功力和投入。下文笔者将结合自身的教学与科研经历，从文献检索、文献筛选、文献综述、文献应用等方面谈谈学术性写作的文献能力。

1. 要一手文献，不要 N 手文献

凡是可以被用于论证的材料都可以笼统地称为文献。[①] 文献不只存在于知网上，除了期刊论文、学位论文、会议论文之外，研究专著、新闻报道、行业报告、田野手记、档案资料、传记文学、统计报表，甚至博物馆的先秦竹简、带有佉罗文的佛教石刻以及有关切尔诺贝利核电站事故的纪录片等都可以成为研究的文献。研究者要尽量拓展文献使用的视野。

文献总体可以分成三类：一手文献、二手文献和 N 手文献。一手文献是最原始的数据和素材，譬如田野手记、档案资料、统计报表、竹简铭文等都可以归类为一手文献。二手文献是经过了学术加工的材料，期刊论文、学位论文、会议论文和研究专著即是二手文献。做研究时，尽量选用一手文献，才能做出具有原创性的学术文章；经典的二手文献也必须使用，作者要与既有的学术界进行对话，否则就是闭门造车、夜郎自大。

但做研究切忌使用 N 手文献。所谓 N 手文献，就是不知道出处在哪里的文献，或者从网上胡乱找到的数据、话语、片段。很多高中考生为了写出一篇高分作文，往往去百度搜索什么"名人名句 100 条"，然后生硬地背下来，再穿插在自己的文章中。这是一种非常糟糕的写作习惯，也有悖文献引用的基本学术规范。一方面，脱离了具体语境的名人名句很可能是断章取义的，曲解了作者的原意；更有甚者，完全是杜撰出的"名人名言"，作者本人根本没有说过相关的话。比如，北京鲁迅博物馆开通了鲁迅著作全编检索系统之后，网民们才发现，很多之前被安在鲁迅先生头上的所谓名人名言压根就是后人伪托的（图 2.1）。

[①] 刘军强. 写作是门手艺 [M]. 桂林：广西师范大学出版社，2020: 128.

图 2.1　网民 PS（注：指用软件修改和处理图片，美化或丑化）的鲁迅表情包，用于调侃把各种"名言"强加在鲁迅头上的现象

2. 不要轻易说填补学术空白

学术写作的文献能力是一组能力的综合。这一组能力通常包括：文献检索能力、文献筛选能力、文献综述能力和文献应用能力。谈及学术性写作的文献，一般强调的都是文献综述、文献规范引用和与文献的对话，文献的检索和筛选则常常是被忽视的。但事实上检索能力和筛选能力是进行文献综述和文献应用的前提。**很多初学者写不好学术文章，不是不会综述已拿到的文献，而是根本没有找到关键的、真正需要的文献。**

此处不妨自曝家丑，分享笔者亲身的例子。笔者的博士论文选题是中医与阿育吠陀医学之间的跨文化传播研究。阿育吠陀（Ayurveda）是流行在南亚次大陆的一种传统医学，其兴起可以追溯到古印度的吠陀文明时期，比中医的出现（如果以先秦巫医分家为标志的话）还要早数个世纪。在博士论文开题前，笔者用知网检索关键词"阿育吠陀"，学术文章居然只有寥寥数篇，连十篇都不到；再检索"阿育吠陀"＋"中医／中医药"更是一篇都没有。虽然开题时笔者很克制地没有吹嘘"填补学术空白"，但其实自己的内心是窃喜的，自以为开创了某个新的研究领域。开题之后，随着研究的深入，笔者愈发觉得脸红。原来，早在 20 世纪 50 年代就有一批大家（比如季羡林、金克木）在研究阿育吠陀了；60 年代中后期以后这一研究有所中断，但千禧年后又出现了如廖育群、陈明等学者的研究专著，且千禧年后的研究更关注阿育吠陀医学与外来医学之间的互动。那为什么笔者在开题时没有看到这些文献呢？

问题出在检索关键词上。笔者使用的关键词"阿育吠陀"是现在媒体报道南亚传统医学时约定俗成的翻译。而 20 世纪 50 年代的学者在研究它时用的术语是生命吠陀（Ayurveda 是梵文，Ayur 是生命的意思，Veda 就是吠陀）、吠陀医学、南亚传统医学、（古）印度传统医学、印度医学等表述；千禧年后，原中国科学院自然科学史研究所所长廖育群先生撰写的第一本有关阿育吠陀的专著使用的翻译是阿输吠陀；北大南亚研究的大家陈明老师撰写的有关中古医学之间交流的专著《中古医疗与外来文化》使用的是繁体字。这么丰富的研究素材都没有进入笔者的博士开题报告，这个教训对笔者而言是深刻的，它也成为笔者现在教授写作课时关键的经典案例。

3. 筛选文献可以采用"滚雪球"法

在检索文献时要使用多元化的检索关键词，不能在一棵树上"吊死"。同时，检索的数据库也不能只有知网，中文方面比较推荐读秀数据库，其覆盖了知网没有收录的图书资源；新生代的研究者也应当去探索英文的数据库（譬如 EBSCO、Proquest、Taylor & Francis、Web of Science）。除此之外，结合具体的选题方向，一些专业的数据库也是优质文献（尤其是一手文献）的来源。比如在笔者"报纸"主题的写作课上推荐使用的专业数据库就包括《人民日报》数据库、中国重要报纸全文数据库、中国近代报纸全文数据库、大成近现代报纸数据库、中国近代报刊《大公报：1902—1949》、慧科新闻数据库、Factiva 数据库等。

当然，检索到的文献不能也无法照单全收。因为并不是所有的文献都是正确的、可信的，或具有研究参考价值的。在笔者所教的写作课上，第三周课堂的主题是文献，第四周周末就要交一篇 3000 字左右的短文初稿。常常会有学生抱怨，知网检索到与自己选题相关的文献有四五十页，大几百篇，光看都看不完，如何写出文章来？这其实就要考验文献的筛选能力了。事实上，经过筛选，把有限的时间放在质量最高的文献上，学术写作才能事半功倍。

文献如何筛选呢？主要方法是机器筛选与人工筛选的结合。一般的数据库都有高级检索的功能。譬如知网，用户可以通过勾选期刊来源（比如北大核心或者 CSSCI）筛掉一批低质量的文献。如果作者通过基础的研究找到了对选题方向至关重要的研究者、研究刊物或者研究机构，那么也可以通过精准查找作者、期刊以及作者单位等，来获得参考性更强的文献。一般的数据库还有被引量、下载量等衡量论文的量化指标，这些数据也是筛选文献的依据，人文社科类的文献被引用的数据如果能够达到两位数及以上，往往都是可资参考的文章。

人工筛选文献时可以采用"滚雪球"法。在发现了一篇高引文章后，可以首先去查一查这位作者是否在相关领域发表了不止一篇文章。如果是，这位作者较大概率是这一领域的权威。于是可以认为他／她所发表的相关文献都具有进一步被研究的价值。更重要的是这位作者的文章也有参考文献，由于他 / 她是研究这个领域的权威，他 / 她的参考文献大概率也会是质量较高的文献。从这些参考文献中还可能发现另外一位相关领域的研究权威，于是"雪球"越滚越大，好的文献也就越查越多。

文献筛选能力的本质是对文献的鉴赏能力，这不是一蹴而就的。对学术写作有追求的研究者应当锁定自己研究领域的几本关键期刊和几位关键作者，一旦有新作品就能及时阅读并形成积累。如笔者的研究方向是健康传播，这一方向在国际上有两本最为核心的 SSCI 期刊：*Health Communication* 与 *Journal of Health Communication*。这两本期刊上发表的文章一般都有质量保证；笔者的研究方向上还有一位活跃的国际大咖，即 Prof. Mohan Dutta，他是健康传播 CCA（文化中心路径理论）的开创者和高引作者，其发表的文章往往具有引领行业的价值。还有一些期刊，本身定位就是对优质文献的筛选和二次传播，如《人大复印资料》《新华文摘》等，初学者如果找不到自己的研究方向，可以多读读这些期刊筛选过的优质文章，也能受到启发。

4. 文献综述不是记流水账

学术性写作的初学者最好先从文献综述开始练习。清华大学新闻与传播学院给博士一年级新生开设的必修课"新闻传播学历史、理论与方法"，在期末作业的设置上一直就是经典的文献综述；学院的博士生资格考试的重要一环是开卷考试，考试内容也是根据给定的题目撰写文献综述。

做文献综述有很多意义，比如可以避免做重复性的工作、为研究精准定位、发现研究可能的创新点、体现文章作者的专业素养水平等。总之，学术界是个共同体，某个研究领域若想要纵深发展，后人就必须站在前人的肩膀上。**因此，了解已有研究的情况，从而定位自己前进的方向，就需**

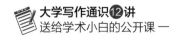
要在正式研究开始前先做文献综述，这是一种必然的制度安排。

文献综述大体包括两种类型。一种是叙述型的文献综述，常见于学位论文或者学术专著中，这种文献综述是为作者后续的研究做铺垫的；另一种是评价型的文献综述，即文献综述本身就是作者所开展的研究。典型的如萃取分析（Meta-Analysis），在医学、公共卫生、公共政策等研究领域是比较常见的，研究者一般会聚焦某一具体的主题，根据一定的标准收集相关的研究数据，然后进行数据结果的再统计和再呈现。譬如有研究者通过系统综述此前开展的 15 项研究和相关专业知识，得出每天多走几步与全因死亡风险逐渐降低有关的结论，为步行锻炼与健康之间的关系提供了证据。①

叙述型的文献综述是更为常见的文献综述类型。尽管这种文献综述是"叙述型"的，但并不意味着作者只需要"叙述"已有文献做了什么。做文献综述切忌做成流水账，不能通篇是张三做了什么、李四做了什么、王五做了什么，而是要将这些文献有机地组合在一起，找出相关领域的研究线索，甚至勾勒出一幅相关领域的研究图景，使研究现状一目了然。

文献组合的逻辑有许多种，比较经典的逻辑即时间与空间的逻辑。如笔者在博士论文中提到中国学者有关阿育吠陀的研究，其在时间上呈现出一种 U 形的发表特点，20 世纪 50、60 年代和千禧年后研究较多，70 年代到 90 年代则几乎是空白，这与国内外的政治局势和中印关系有关。再如，笔者在《超越想象的贫瘠：近年来海内外健康传播研究趋势及对比》②一文中，将海外健康传播研究的情况与国内健康传播研究的情况进行对比，得

---

① Paluch A E, Bajpai S, Bassett D R, et al. Daily steps and all-cause mortality: a meta-analysis of 15 international cohorts[J]. The Lancet Public Health, 2022,7(3): e219-e228.

② 苏婧，李智宇．超越想象的贫瘠：近年来海内外健康传播研究趋势及对比 [J]. 全球传媒学刊，2019(3): 4-33.

出"我国的健康传播研究亟待超越想象力的贫瘠，突破媒介中心主义，突破西方学术霸权，为促进健康中国国家战略的实现，为全世界人类命运共同体的缔造做出中国特色的理论贡献"的观点。

在时间或空间的逻辑基础上，还需要对文献进行更为细致的分类与综述并在此基础上，尝试得出研究者自己的观点。譬如，在《媒介化现实与科学的危机？——疫苗接种与媒体报道国内外研究综述》[①] 一文中，笔者将疫苗接种与媒体报道相关的研究根据研究者身份的不同，分成了两组，一组是公卫疾控研究者，另一组是新闻传播研究者。在公卫疾控研究者这一组中笔者提炼出了 KAP 模型（知—信—行）是最为主导的研究，疫苗媒介事件对公众接种意愿和接种行为的影响是其中最主要的研究内容，这些研究者往往将公众接种犹豫或者疫苗信任危机归咎于媒体的失实报道；在新闻传播研究者一组中，笔者则提出媒介化现实、新闻伦理困境等是新闻传播研究者解释媒体报道行为的主要切入点。于是，对比两者就发现了问题——疾控专家和媒体专家各说各话；在这一交叉领域中，没有任何公卫学者与传播学者合作的文章。这为笔者提出用风险沟通的理论框架促成专家与专家、专家与媒体、专家与公众之间的对话的观点形成了有力的铺垫。如今，大部分的数据库还自带有文献统计和可视化分析等模块，研究者也可以结合一些文献计量学的统计结果，对相关文献进行更为精准的分类与深入研究。

如上所述不难发现，有价值的文献综述至少要满足以下三个要点：第一，对相关领域研究文献应尽可能地全面掌握、筛选甄别和有效阅读，尤其要找到关键作者和关键文献；第二，要根据一定的逻辑（时间、空间、研究对象、研究主题、理论模型、研究方法等）对文献进行归类与分析，

---

① 苏婧 . 媒介化现实与科学的危机？——疫苗接种与媒体报道国内外研究综述 [J]. 全球传媒学刊，2017(4): 100-119.

最好能体现已有文献之间的继承关系、对话关系、驳斥关系等；第三，在综述已有文献的研究时，作者还要建立自己的观点，最好能聚焦于已有文献研究的盲区、模糊点或者争议点，提出进一步的研究建议。对于学位论文而言，这种进一步的研究建议往往对应着自己的选题和进行的具体研究；对于期刊论文而言，这种进一步的研究建议往往具有引领相关学术发展的价值，可供学术共同体参考借鉴。

5. 从文献到文章：从混乱到秩序

在学术性写作时，对文献的应用不能只局限在文献综述部分。一些学生写学位论文除了引言部分综述文献之外，后文的研究分析部分，尤其是结尾的讨论升华部分通篇都是自己的表达，而没有任何与文献的对话，这其实还是闭门造车，将学术界的研究与自身的研究分为了两张皮。

在学术性写作中对文献的应用应当贯穿整个写作的过程。一般有两种应用的场景：第一种，文献本身就是研究的素材、文章的血肉和论证的关键。这类文献通常就是前文提到的一手文献。譬如，采用田野调查方法的研究文章，通过田野调查获得的访谈资料、调研手记等一手文献就是写作时最重要的素材，要根据作者采用的理论框架，有机地将这些素材组合在一起。再比如，做历史研究的文章，历史档案、资料或者书籍等一手文献也就是文章的血肉，作者得到的研究观点和研究结论都是建立在对这些一手文献的爬梳、研读和分析阐释基础上的。

第二种场景更为常见，就是在写作时与文献进行对话。这类文献通常对应着前文提到的二手文献，尤其是一些在文献综述环节发现的经典文献、关键文献。**与这些经典、关键的文献对话时，有三种不同的对话方式：借鉴、驳斥、创新。**

借鉴是最为常见的方式，可以在整篇文章的构思方面借鉴某个理论或者学术概念；也可以在文章的局部借鉴一些经典的研究、案例或者表述，从而加强对自己观点的论证。比如，杨念群在撰写《再造病人：中西医冲突下的空间政治（1832—1985）》一书时就开宗明义地表示，用"再造病人"来重新解读近代中国的历史是借鉴了清华大学社会学系教授景军的有关庙宇故事的讲述以及苏珊·桑塔格《疾病的隐喻》的研究，"病人"就是一种隐喻性的表达，"病人"被观察、改造和治愈的过程也就是近代中国找到自身发展道路的过程。①

无论是不是经典，文献都不是金科玉律。通过研究提出对经典文献的反驳也是文献对话的一种，甚至是对于经典文献的致敬。比如，历史学大家何兆武先生 1989 年曾经发表过一篇很经典的文章——《历史研究中的一个假问题》，在这篇文章中何先生认为所谓"中国封建社会为何长期停滞"本身是没有意义的假问题，中国封建社会只是比欧洲长，不能因此就说中国封建社会是长期停滞了。② 对此，新生代的研究者提出了自己的观点。王学典认为，不管这个问题是不是假问题，围绕中国封建社会长期存在的现象，史学界做出了诸如中国古代史分期等丰富的学术成果，这些学术成果都是有意义的，"在泼脏水时绝不能连孩子也一起泼掉"。③ 周祥森进一步认为历史研究中最为关键的就是问题意识，他认为何先生"提出根据可证伪原则区分历史学中的科学的成分和非科学的或艺术的成分的界限，并进而把这一原则推广应用到区分历史问题的真或假，实际上是无条

---

① 杨念群. 再造病人：中西医冲突下的空间政治（1832—1985）[M]. 北京：中国人民大学出版社，2013.

② 何兆武. 历史研究中的一个假问题——从所谓中国封建社会的长期停滞论说起 [M].// 何兆武. 苇草集. 北京：生活·读书·新知三联书店，1999：319.

③ 王学典. "假问题"与"真学术"：中国社会形态问题讨论的一点思考 [J]. 东岳论丛，2000, 21(4): 96-97.

件地、不加批判地接受卡尔·波普尔的科学哲学思想的结果"。① 可见，经过讨论，学术界对这一问题的理解更加深入了。

创新是更为重要的文献对话方式，也是学术性写作的最大价值。所谓创新，就是在全面掌握既有文献的基础上提出具有创新意义的研究观点或研究假设，这一观点或假设并不是无源之水和无本之木，因为学术创新的基础是已有文献。典型的比如胡宜撰写的《送医下乡：现代中国的疾病政治》，此书很大程度上受到了杨念群《再造病人》写作的启发，都是将疾病、历史与政治三者进行了联系。但是具有创新价值的是，胡宜明确地提出了"疾病政治"的概念，并且他发现现代中国无论是道路选择还是制度安排，最鲜明的特色都是重视乡村，譬如陈志潜的"定县模式"、新中国成立后的赤脚医生制度、团结中西医的政策以及爱国卫生运动等，他认为，只有将医学和健康真正送"下乡"，国与民的关系才有最优解。②

无论是将一手文献作为写作的基础素材，还是在具体论述时借鉴、驳斥、创新地应用经典的二手文献，**从文献到文章的过程都是一种从混乱到有序的过程。"秩序"究竟是怎样的？恐怕这就是学术性写作最主要的脑力劳作和智慧产出**。通常在进行学术性写作时，阅读文献和研究构思的时间都远远大于真正着笔的时间，作者可能阅读的文献有几百篇，但是最后真正应用到文章写作中的也许只有阅读文献的十分之一而已。究竟哪些文献要被使用，这些文献如何分布在一篇文章中，如何强化作者的论证和文章的说服力，等等，这些功夫是花在码字之外的。从文献到文章的过程有点类似拼图游戏，要将散落的碎片有机地整合在一起，形成一幅能够表意的图画；不同的是拼图游戏有可参照的图片，而学术写作时恐怕没有这张先验的图片，而需要研究者自己构思勾勒出来，再按图索骥把文献和研究

① 周祥森.历史研究中的问题意识刍议 [J]. 史学月刊，2017(12): 130-133.
② 胡宜.送医下乡：现代中国的疾病政治 [M]. 北京：社科文献出版社，2011.

素材整合成为一篇文章。

上文从什么是文献、文献的范围与类型入手，剖解了学术性写作的文献能力。最后，谈谈文献的规范引用原则。文献的检索、筛选和应用能力可以有高有低，但文献的规范引用却是底线问题。学术性写作的初学者从写作的第一天开始就应当明确这一点。这意味着，写作中的任何一句话，只要不是自己的原创就应当准确标注出处。为此，初学者应该养成良好的文献整理习惯，及时保存自己阅读过的电子文献，对于纸质书籍也可以将相关的表述拍照留存。学术性写作不应使用维基百科、百度百科、果壳、豆瓣等非学术同行评议的网络材料。如果没有看过相关文献，也不应轻易把别人研究中的参考文献出处复制粘贴过来，当作自己的文献来使用。

想一想，说一说

1. 在研究时，如何能相对快速地找到本领域的经典文献？

2. 你在文献检索、筛选和使用方面有没有掉过什么坑？谈一谈你的经验和教训。

3. 谈一谈你在文献阅读和积累文献方面，有没有什么小窍门之类的心得体会。

第 3 讲

思维：

学术性写作的核心能力

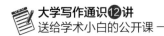

人与人的本质不同在于思维的不同。思维无影无踪，只能通过写作与表达来传递。很多人苦恼于自己匮乏文采或者口才，但事实上，问题的关键出在思维上。只有想清楚才能写清楚；只有想透彻才能写透彻。如果说学术性写作的成果是因变量的话，那么作者的思维能力无疑是最为关键的自变量。清华大学开设写作课之初就明确地表示该课程旨在"通过高挑战度的小班训练，显著提升学生的写作表达能力、提高沟通交流能力、培养逻辑思维和批判性思维的能力"。[①] 在本文中，笔者将结合自身的教学经历与科研经历，谈谈写作与思维的关系，以及好的学术性写作需要怎样的思维能力锻炼。

1. 非认知能力：21 世纪的核心胜任力

在讲述学术性写作需要怎样的思维能力以及如何提升该能力之前，有

---

① 叶雨婷. 清华大学将启动《写作与沟通》必修课 [N/OL]. 中国青年报，[2018-5-22].
　https://www.sohu.com/a/232520996_99965001.

必要先谈一谈国内外写作教育的发展历程，以及当前以清华大学写作课为代表的新型写作教育的培养旨趣。

与其他专业的学科教育不同，写作教育的历史源远流长。事实上，在现代性兴起之前的传统社会，写作就是教育的核心、主要手段和成果目的。在西方，写作教育可以追溯到古希腊时期的修辞传统和以苏格拉底、柏拉图、亚里士多德为代表的师徒对话模式；在我国，写作教育也可以追溯到诸子百家时期的百家争鸣和孔子对其门徒的私塾教育方式。传统社会没有知识分类的意识，也没有科学实证的观念，因此几乎所有知识的习得方式都是通过诵读经典来实现的，所有知识的生产方式也都是通过本人书写或他者记录。会写作就意味着有文化，有文化就意味着较高的社会阶层。遗憾的是，由于写作过于重要，以中国的科举制度为代表的社会机制渐渐扼杀了写作的活力——为了应试的写作必然是技巧高于思想，形式大于内容，随着八股文的盛行，知识阶层的思想生产渐渐枯竭，社会陷入停滞。

无论是西方的启蒙运动还是我国的五四运动都旨在激活社会的思维，创造出新的推动社会前进的动力。在全球各个角落的社会革命中，写作都是思想传递和产生力量的前提，现代性也由此拉开了序幕。然而，随着工业社会的发展，现代性本身也显现出了一定的弊端。从教育的角度来看，这一弊端就是学科的分工愈发精细化、内卷化、工具化，曾经全面渗透在教育各个环节的写作逐渐被挤入了一个角落，塞进了专属于它的学科格子中。在西方，文学批评和修辞学成为写作的专属格子；在我国，这个格子在义务教育阶段叫作"语文"，在高等教育阶段叫作"中文"。这导致了非中文学科的大学生通通觉得写作与自己无关，结果就是写毕业论文时临时抱佛脚，逻辑不通、漏洞百出；而义务教育阶段的写作又过分地应试化——市场上和网络上充斥着大量的高考作文素材（比如好人好事素材、感动中国素材等）和所谓的"名人名句100条"，所谓的作文就是把这些素材背诵并默写下来，内容几乎与思维能力无关。近年来，尽管我国的高等教育界有所谓文科的复兴，写作课也零零星星地开展起来，但这些课程大多是就业或专业导向，如法律文书写作、秘书公文写作等。某些高校因为网络小说火爆，居然还开设了网络小说写作的课程。这些课程的开设都将写作进一步工具化，与人类写作的初衷背道而驰。

西方教育界率先认识到写作对于高等教育的重要且独特的价值。2002年9月，美国大学理事会（College Board）成立了美国国家写作委员会（National Commission on Writing for American's Families, Schools and Colleges）。该委员会在次年向国会递交了一份报告书，力陈在各级学校进行写作改革的必要，试图在全美范围内开展一场写作教育革命。这个名为"被忽略的 R ——我们需要写作革命"（The Neglected of "R"：The Need for a Writing Revolution）的报告书指出，相较于阅读和计算（科学），写作是美国课程体系中被忽视的关键教育环节；报告还指出，过去的教育改革将重点放在课程设置、教育制度方面，而当前的形势要求教育必须着眼于培养学生的思考、说理、交流以及自我学习的能力上，而写作正是培养这些能力的必经之路。[1] 此后，以哈佛、耶鲁、普林斯顿等大学为代表的美国顶尖高校陆续建立了校级的写作中心，面向全校举办跨专业、主题式、浸润型的必修写作课，并接受全校师生有关写作与沟通的咨询，同时举办各种各样的写作活动，譬如论文写作营、新生写作节等，创造了鼓励写作与思考的校园氛围。

正是在这一背景下，清华大学于 2018 年 9 月率先推出针对大一新生打造的主题式、小班制的写作课，并于 2020—2021 学年达到了全校新生全覆盖的目标。这一写作课的培养理念在国内是全新的，其着眼点在于

---

[1] ERIC. The Neglected of "R": The Need for A Writing Revolution[EB/OL]. Institute of Education Sciences, 2003. Available at: https://files.eric.ed.gov/fulltext/ED475856.pdf.

"破壁"——突破当前高等教育愈发精细化、内卷化、工具化的发展壁垒，实现对教育初心的回归。清华大学教务处的一位负责人曾经在一次内部交流会上讲，清华大学本科教学改革的目标方向就是让四年后毕业的学生"什么都不会"，但是有一颗准备"起飞"的心。乍听这话是很惊人的，但是仔细咂摸却很有味道。信息时代，知识爆炸，知识的迭代速度不断刷新。想想我在大学四年学了什么呢？报纸排版、报纸经营、用胶片相机拍照和冲洗胶片，说实话这些知识如今我哪一样都用不上。**如果高等教育的培养重心是教会学生知识点，那么很有可能发生、且会愈演愈烈的情况是教知识点的速度赶不上知识点淘汰的速度，学生毕业了就真的什么都不会了。因此，"怎么教"比"教什么"恐怕更为重要。**

在这个理念的引导下，清华大学在本科教育改革的进程中愈发重视培养学生的通识能力和非认知能力。这些能力夯实了，进入研究生阶段的学生自然可以"起飞"。所谓非认知能力包括人际交流能力、自我规制能力和神经认知能力等[①]，即人们收集、处理、分析信息的能力和输出表达的能力，以及适应力、责任心、团队合作能力和自我反省能力等。美国高校学生学业评估中心负责人乔治·库教授曾指出，"批判性思维、分析推理能力及清晰的思维与表达是面向 21 世纪的核心胜任力，也是高等教育人才培养长期以来的预期目标"。[②]

写作课就是培养非认知能力的关键一环。试想，笔者每学期以"健康"和"报纸"两个主题教授至少 64 名学生进行写作，学生们每人要提交不同主题的 3000 字左右的一篇短文和 5000 字左右的一篇长文，如果我的

---

① Willoughby, Michael T. Executive Function: Implications for Education. NCER 2017-2000 [J]. National Center for Education Research, 2016.

② 乔治·库，金红昊 . 非认知能力：培养面向 21 世纪的核心胜任力 [J]. 北京大学教育评论，2019(3): 2-12.

重心是讲授有关健康与报纸的知识点，那么就至少需要讲授 128 套知识体系，这是不可能完成的任务，也不需要完成；我真的讲了，非相关专业的学生也迟早要通通将其还给老师。因此，我教学的重心放在了通过写作教育启发同学们如何思考和阅读、激发他们找到自己感兴趣的题目上，以及通过文献检索和其他可行的研究方法获得属于自己的研究素材，创造基于独立思考的研究发现。换言之，真正的知识点不是教师塞给学生的，而是他们自己研究获得的。这恰恰是让我们的年轻人从应试型的学生转变为具有自主意识的准学者的必经之路。写作课需要让他们戒掉等着别人喂材料、背诵并默写下来的这种不利于思维成长的坏习惯，未来的社会和国家需要的是能够自主创新、思维破壁的人才。这就是清华大学的写作课不安排在大四写毕业论文之前，也不给某个特定学科开设的根本原因。可以说，**写作课的开设是高等教育对人的回归，它不再以就业为导向，也不以分科为基础，而是着眼于全面发展人的能力、激发人的思维潜能。**

2. 逻辑思维：让你的文章骨架清晰、表意流畅

好的写作，其背后的思维质量必然也是理想的。培养学生的写作能力也就是培养他们的思维质量。那么，好的写作至少需要怎样的思维能力呢？

首先，是逻辑思维能力。早在亚里士多德撰写《修辞学》的时期，逻辑（亚氏所谓 logos）就是文辞的关键要素。就学术性写作而言，逻辑意味着问题清晰准确、结构合理通顺、论证层层深入、语句自然流畅，既体现在宏观层面上，也反映在微观细节上。我经常在班上讲，逻辑感强的文章就好比读者或者评阅人伸出一只手去，能够将文章的骨架拎出来并站得住，且表意连贯清晰；而逻辑感差的文章就好像一摊烂泥，令人无所适从。

试举几例。A 同学文章的标题叫作《社会疏离和心理压力：罕见病患者的又一折磨》[1]，其文章主要包括四个部分：尴尬的罕见病现状、罕见病患者的心理压力、罕见病患者的污名化、当下的希冀。仅从文章的标题和结构来看，逻辑问题就比较突出。首先，标题冒号前后的语言是矛盾的，社会疏离和心理压力是两件事儿，为什么后面归纳为"又一折磨"呢？其次，如果说本文的研究问题是分析罕见病患者的社会疏离和心理压力状态并提出对策建议的话，文章结构中显然缺乏有关社会疏离的内容；而罕见病患者受到的污名化到底属于心理压力还是社会疏离也无从判断；最后的"当下的希冀"这个小标题起了等于没起，并没有凸显出最后一部分写作的目的。

上述是宏观上有逻辑问题的例子，再看一个细节上的逻辑问题。B 同学文章的标题叫作《世卫组织将同性恋移出疾病的非医学原因》，文中有这样一句表述："世卫组织在 1989 年修改了'健康'的定义，将其定义为'包括身体的、心理的、社会适应良好和道德良好'。这充分说明了世卫组织对同性恋的支持态度。"这是典型的逻辑跳跃：世界卫生组织对健康定义的修改并没有任何与同性恋相联系的字眼，这如何"充分"地说明了世卫组织对同性恋的态度？前后半句之间需要补充大量信息，才能论证清楚。

那么，如何增强写作时的逻辑思维呢？有两个建议。

第一，任何时候，先制订详细的提纲，再着手撰写文章。很多学生之所以写作没有效率，写出来的东西一坨一坨像是若干个小文章拼贴在一起，就是因为他们采用了错误的写作习惯——经常是准备写作了，打开一个 Word 文档，一边想、一边写，写写再删删，删删再改改，写文章就像

---

① 注：本书中的举例若没有说明作者或标注出处的均是笔者教授写作课时收集的同学作品。在此对所有选修笔者写作课的同学，尤其是笔者书中举例所涉及的同学表示敬意和感谢。下同。

挤牙膏，这个习惯很糟糕。正确的做法是先进行构思，可以用思维导图，可以做 PPT，也可以在纸上写写画画，总之先把文章的主要脉络梳理出来，列出详细版的提纲（请注意，不是大块儿的提纲，类似一现状二问题三对策这种），将主要会用到的写作素材整理好，再一气呵成地撰写。譬如，我在撰写博士论文期间每个月会制订月度写作计划——一般是完成一个章节，而不管这个章节是 3 万字还是 4 万字，通常真正的写作时间也就是两个整天，其余二十多天都是构思、找资料、再构思、再找资料，等逻辑都理通顺了就安排连续两个整天，从早到晚一口气写完。

第二，认真打磨主标题、节标题和开头结尾。在阅读学术文章时很少有人会逐字逐句地观看，更多时候人们首先会阅读标题、开头和结尾，对文章先有总体上的把握。所以这些核心部分的写作要尤其花心思，并能够在其中体现文章的问题意识、主要脉络和核心发现。一般而言，这些部分都可以在学术性文章撰写完成之后再进行"精雕"；特别是对于字数较长的学位论文而言，各级标题以及目录是否逻辑清晰会很大程度上影响评阅人对文章的判断。

3. 共情思维：激发读者与作者的共鸣

古人有云：晓之以理，动之以情。亚里士多德不仅强调逻辑，也强调修辞中情感（pathos）的传达。很多人认为学术性文章重在严谨、理性、求实，似乎不需要考虑情感的表达。但事实上，情感的要素也是文章不可或缺的，或者更准确地说，学术性文章同样需要考虑到如何让读者与作者产生共鸣，这就需要第二种思维能力，即共情的思维能力。

能在学术界引起反响的优质作品往往是共情的。譬如，在苏珊·桑塔格的《疾病的隐喻》中，作者旁征博引，不仅通过大量的文学作品反映出结核病、癌症、梅毒、艾滋病等疾病的隐喻真实存在的事实，也令读者深深感到这些萦绕在疾病上的隐喻不仅极大地加重了对患者的折磨，甚至于社会而言变成了一种意识形态的枷锁，从而促使读者想要加入破除疾病污名化的行动中。再如，在清华大学曾经发给本科新生的入校礼物《万古江河》一书中，读者不仅能够感受到作者许倬云深厚扎实的历史功底和文化底蕴，也能够深切地感受到中华文明生生不息的强大动力，了解在历史上，中华文明能够持续地在与外部文明交融碰撞的过程中积极吸收其他文化的有益成分，兼容并蓄、海纳百川、各美其美、美美与共，于是令读者也更坚定地相信中国所倡导的人类命运共同体是真正符合历史发展规律和世界主义的全球发展理念的。

那么，如何增强共情思维能力、促进与读者的共鸣呢？此处亦有两个建议。首先，在选题时要深度挖掘文章的研究意义，不盲目追热点、蹭爆款。我经常碰到一些初学者，当问他们为什么做某个选题时，他们的答案往往是这个话题最近很热，学术发表很多。这种回答是令人沮丧的。在我看来，学术性写作的目的往大了说应当是解决真问题，往小了说也是回答自己感兴趣且困惑的疑问。单纯地为了发表学术文章而写作，就算是写得像模像样、文质彬彬，也往往内核空洞，无法引起读者的共鸣。笔者教授写作课近三年，截至目前遇到的最让自己动容的，是一位同学撰写的有关乡村医生的困境与出路的文章。该名同学之所以做这个选题是因为自己的父亲就是一名乡村医生，这位同学目睹了父亲职业生涯的起起落落，心疼且困惑于父亲如今这个不被社会认可的边缘化角色，并想要搞清楚其中的原因。那篇文章尽管用词朴素，也绝不是什么学术热点，但其本身就带有一股共情的力量，带动读者去思考乡村医生这个群体的生存状态。

其次，早一点明晰自己的学术志向，不做走马观花、"处处留情"的学者。我经常鼓励自己的学生，"如果通过写作发现了自己感兴趣的研究方向，就尽量坚持下去，在一个领域深耕发展"。这样做的好处是不仅可以更聚焦地积累研究资料、阅读经典和前沿文章，也可以让自己在某个领域的思考逐步加深，与自己的世界观、人生观、价值观融为一体。以我自己为例，我大约是在 2005 年前后就明确了做健康传播的研究志向，当时健康传播还是一个非常新鲜且生僻的学术概念，很多学者分不清健康传播、健康教育、健康促进、健康科普之间的差别，而我之所以义无反顾地投身这个领域，是因为我的导师李希光教授安排我参与了一场艾滋病感染者同伴教育的活动，那些感染者尽管遭受着巨大的社会歧视和道德压力，但仍然用最大的善意和坚强的笑容去帮扶身边感染艾滋病的同伴或者高危人群，这让我第一次感受到生命最朴素的力量——如泰戈尔所说，生如夏花之灿烂。自此我投入健康传播研究十六年，绝大多数的作品都与健康传播相关，且每一篇写作时我都保有巨大的热情。

4. 批判性思维：做独立自主的学术人

清华大学写作课以 16 人的小班为单位，全校开课老师超过 30 人。尽管每位老师讲授的主题都有所不同，每个主题也都有自己特色的参考书单，但有一本书是所有开课主题共通的，那就是朱迪丝·博斯的《独立思考——日常生活中的批判性思维》。通过写作培养学生独立自主的批判性思维意识是所有授课老师已达成共识的目标。

英语里"批判"（critical）的词源是希腊词"kritikos"，意思是分辨力、决断力和决策能力。所谓批判性思维（critical thinking）强调的是学会如何思考，而不仅仅是思考什么。[1] 有些学生对批判性思维有错误的理

---

[1] 朱迪丝·博斯. 独立思考：日常生活中的批判性思维 [M]. 岳盈盈，翟继强，译. 2 版. 北京：商务印书馆，2016: 6.

解，以为批判性思维就是特立独行、处处质疑。事实上，批判性思维并不是鼓励一种怀疑主义，而是鼓励独立思考的能力。比如说，具有批判性思维能力的学生并不会将所有找到的文献奉为圭臬，也不会理所应当地采纳已发表文献的一切观点；或者走向另一个极端，对同辈和晚辈的学术成果嗤之以鼻，不以为然。相反地，他会形成一种鉴赏和分辨的能力，有所选择地汲取已有文献的养分，并恰当地与学术界开展对话。

批判性思维对学术性写作至关重要，至少体现在以下几个方面：首先，在选题方面，具有批判性思维的人不会盲目跟风、照猫画虎，他会建立自己的问题意识，且专心在某一个领域深挖下去，作品应能够体现价值导向和人文关怀；其次，在应用理论和方法方面，不会花里胡哨、炫耀卖弄，而是能够结合研究对象和研究问题，选择最恰当且自洽的研究设计，获得丰富的一手资料；再次，在文献对话方面，不堆砌资料，既兼顾经典、又考虑前沿，不卑不亢，有理有据；最后，在论证方面，层层深入，透过现象触达本质，得出的研究发现和文章结论不是看到题目就能想到的答案，而是让读者有种酣畅淋漓、恍然大悟的阅读体验；最后，在遣词造句方面，不追求故弄玄虚的"翻译腔"，简洁、直白、有力、流畅，让无论是初学者还是资深专家都看得明白，并留下深刻印象。

如何能够提高自身的批判性思维能力呢？有一条简单易行的建议，那就是在写作中建立元思维（meta-thought）的意识。所谓元（meta-），原意是在"……之上"。在物理现象（physics）之上去思考就上升到了哲学，即所谓的形而上学（meta-physics）。具体到元思维，就是在思维之上的思维，是思维的思维，简单来说就是知觉自己思维的过程，并对这个过程进行再思考。就好像一个人灵魂出窍，飘到自己的头顶上，去观看、审视自己创作文章的过程。

在我对学生进行一对一文章面批的时候，会经常通过下面这些问题启发学生的元思维："请你回忆一下，为什么你要做这个选题？""为什么你会起这样一个标题？""为什么你要选择这几篇文献？""为什么这篇文献在你的文章中出现的频率最高？""为什么你先论述这个部分，而不是那个部分？""你的第一、第二和第三之间是什么逻辑关系，为什么不是第一、第三和第二的顺序？""为什么你会这样表述你的结论？如果用一句话总结你的结论，还可以怎么说，这两种说法你觉得哪个更好？"等等。

面对这些问题，很多同学会支支吾吾回答不上来，这是因为初学者十之八九认为能把稿子"憋"完就可以交差了，甚至不会从头到尾通读一遍。当他们重新回忆自己写作的过程时，往往会惊讶地发现自己思维的混乱和随机，比如列出的第一、第二和第三之间就没有什么逻辑上的关系，完全是想到哪里写到哪里；再比如被文章反复引用的文献也不是什么精挑细选的材料，只是因为它是检索关键词后排在第一的文章而已。事实上，绝大多数的同学在重新梳理一遍自己构思和写作的过程——即开展元思维之后，其文章中百分之七十的问题都可以自己识别出来。这一点对今后从事研究的同学来说至关重要，毕竟，真正的顶尖研究者其实是孤独的，他们必须自己指引自己。

思维是写作的翅膀。没有逻辑思维、共情思维、批判性思维的加持，写作就无法驰骋天地，激扬挥洒，纵情奔放。"天下文章一大抄，看谁会抄不会抄"——这种流行的说法是误人子弟的，会扼杀研究者的思维能力，让文章失去灵魂。当知识阶层的思维生产停滞，社会也就裹足不前。海德格尔说：语言是存在的家园。**某种意义上，人类之所以写作与沟通就是因为这是让思维与思维交汇的唯一通路。让思维自由，写作方有价值。**

想一想，说一说

1. 说说你如何理解写作课培养批判性思维的定位？

2. 在你看来，如何能让自己更具有批判性思维的能力？

3. 除了共情思维、逻辑思维和批判性思维，你认为写作还需要具有哪些重要的思维能力？

第 4 讲

两分论八分证：

学术性写作的论证艺术

进入大学之后的学术性写作一般也被称为写论文。所谓"论"文，顾名思义，关键的乃是"论"这个字，即文章要谈出作者独到的、值得学术界关注的见解。不过在笔者看来，把论文叫作"论证文"恐怕更为贴切：事实上一篇学术论文的优劣不仅体现在"论"，即有独到见解这一方面，更应体现在"证"，即能够说服学术共同体认可作者的见解的这一方面。两分论、八分证，学术性写作只有将"论证"作为核心，才有发表的价值。

1. 要论证不要空谈

学术性写作的初学者最常犯的错误就是写作没有论证意识。

试举一个有代表性的实例。笔者所教的"报纸"主题的写作课上有一位同学想要研究的选题是《南方周末》的新年贺词，据他自己表述，他从中学开始就是《南方周末》新年贺词的忠实读者，每一年都会阅读，甚至还会背诵其中精彩的篇章，并将其作为高中作文的素材。该同学将《南方周末》的新年贺词根据时间线划分成几个阶段，以下是其中第二个阶段的写作片段：

第二阶段是 2000 年到 2012 年左右。进入 21 世纪，中国对准全面建成小康社会目标，加速了社会改革进程，《南方周末》开始更多地关注和记录国家建设历程和大事，同时中国在国际的话语权不断提升，献词中也有了更多的民族色彩。但不同于单纯的歌颂功绩，其涉及的内容相对全面，因为《南方周末》工作者既能看到好的方面，又不避讳问题和缺点，能很好地尊重客观事实，有着自己的底线和原则。随着社会中出现了更多的权利问题和法律问题，《南方周末》多次在新年献词中使用"个体""公民""权利"之类的词，评选的年度人物也具有这方面的特点，这无疑是对人们适应新时代的引领，是对人们权利意识、法律意识的启蒙。可见，21 世纪初《南方周末》开始顺应时代的潮流，拥抱和传播现代文明，思路更加理性，主题更加积极，视野更加开放。

这个片段通顺、流畅，单从语言表达的角度来看没有什么大问题。但如果用"论证文"的视角审视，它恐怕就是不及格的。首先，写这个片段作者想要表达的核心观点或者见解是什么呢？看过之后其实是让人很懵的。如果按照写作惯用的"总—分—总"结构去梳理，大体可以判断出段落最后一句话是作者的观点。但这句话表达得极其含混："拥抱和传播现代文明"是什么意思？ 21 世纪前，《南方周末》就不接受和传播现代文明吗？是什么契机让《南方周末》到了 21 世纪就拥抱和传播现代文明了呢？"思路更加理性，主题更加积极，视野更加开放"看似工整排比，也有语言的气势，可"更加理性"是怎么个理性法？"更加积极"又是如何积极法？"更加开放"又是什么意思？这个观点让人看得一头雾水。

其次，该片段的大部分内容都是高度概括的语言，没有实例、没有数据，也没有与权威文献对话的意识。比如，"《南方周末》开始更多地关注和记录国家建设历程和大事，同时中国在国际的话语权不断提升，献词中也有了更多的民族色彩"，读完这句后读者是很困惑的，"更多的民族色彩"是怎样的色彩？中国在国际上的话语权不断提升，为什么新年贺词就更有民族色彩？又如，"因为《南方周末》工作者既能看到好的方面，又不避讳问题和缺点，能很好地尊重客观事实，有着自己的底线和原则"，那么好的方面是什么？问题和缺点又是什么？具体的底线和原则是什么？它是如何在尊重客观事实的基础上守住自己的底线和原则？在整个写作片段中，除了"多次在新年献词中使用'个体''公民''权利'之类的词"这半句多多少少有点论证意识（当然最好是对高频词进行词频统计和分析）之外，通篇都让人觉得云里雾里、一团迷糊。

在我面向大一同学开设的写作课上，我发现同学们在写作文章时采取高举高打的空谈是一种通病。高中阶段的应试教育往往给学生灌输的是得分点的意识，一般就是让学生背各种写作素材（感动中国素材、勤奋好学素材、古代名人素材、诺奖得主素材等）和所谓的"名人名句100条"，具体写作训练就是用套路式的开头加上各种材料的拼接再加上弘扬主旋律的升华结尾，这导致学生写完后恐怕都不知道自己到底要表达什么。典型如网上可见的《生活在树上》这样的高考满分作文，全篇就是炫技式的抖知识点、"哲学报菜名"，但到底作者想要表达且论证什么观点，恕我愚钝，实在是辨别不出来。这样的学生到了大学，如果没有老师的点拨就会出现论文不会"论"，只剩"文采"的尴尬境地。如同上文中的学生，文章提交上来与我面批时也依然说不清楚他自己的研究问题是什么，只能反复地表达"我喜欢《南方周末》的新年贺词""我觉得新年贺词写得特别好"这类极其空洞的观点。

论证是学术性写作的灵魂。没有论证，只剩空谈，文章也就丢了魂魄。

所谓论证，就是使用逻辑推理或者材料证据去支撑某种观点或者论断的过程。[①] **说白了，写作学术文章就是要意识到学术文章的每一句话都应该有理有据，而不是胡诌、猜测或者想当然**。想要判断文章是不是有论证意识，最好的方式就是朋辈互看。不妨把文章拿给自己的室友，让没有研究这个选题的外行看一看，他们能不能清晰准确地判断出文章中的观点或者论断，以及询问他们是否觉得有道理并被说服。

论证其实是生活的常态。人类早已进入文明时代，要想说服他人就得学会以理服人。譬如，一个人想要学术大咖做自己的导师，首先就要通过邮件论证自己如何有资格、有潜力；想要追求另一半，也要费一番口舌让对方信服你的诚心和能力；哪怕是制作简历，也要通过摆证据的方式来突出自己的特点和优势。当论证意识深入骨髓，不仅写作上有质的蜕变，生活、工作也更游刃有余。

2. 论证四件套：问题、主张、论据、结构

论证既是动词也是名词；是过程也是结果。总之，论证是一组要素的集合，这些要素缺一不可，它们是：**研究问题**、**看法主张**、**论据推断**、**逻辑结构**。

让我们来看一个有论证意识的学术写作片段。作者是一名日文系的同学，她发现日本新闻协会近年来通过设立"广告创意奖"(《新闻広告賞》)来推动报纸广告的发展，此举使日本涌现了很多具有创意的广告类型，譬如集齐若干期报纸就可以拼凑出人们喜爱的大熊猫的形象等。不过，作者认为，通过广告的创意发展来实现传统媒体的自救这一行为并不可取，这

---

① [美]朱迪丝·博斯.独立思考：日常生活中的批判性思维 [M].岳盈盈，翟继强，译.2
版.北京：商务印书馆，2016: 119.

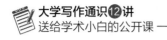

是她的核心论证段落：

> 以广告反向刺激购买量的模式不可持续。在世界范围内，报纸普遍主要依靠刊载广告创收。日本报业的收入来源主要由三部分组成：发行收入、广告收入和其他收入。发行收入和广告收入的占比大约为四六开。① 据日本报业协会的数据，截至 2013 年，日本报纸发行总量小幅下降，报业广告刊登量增加，而收入却比上一年减少 0.92% 左右。② 由于广告的载体选择与载体受众范围密切相关，在报纸销量连年减少的情况下，报业将逐渐无力支撑广告的发行。只有销售量持续上升才能长久吸引广告，而广告所带动的销售量无法成为持久销售量的动力。因此，这种模式本身是一个死循环，难以持续。

在这个片段中，作者有明确的**问题意识**。她的研究问题是："日本报纸广告的创意发展，能否拯救岌岌可危、日渐衰落的传统纸媒？"她所有的论证都是对这个问题的回答。研究问题是论证的基础，就好比大树的根基，**没有问题意识的论证是无所依托的，也不会生机勃勃**。一般而言，一篇学术性文章的总体研究问题是要在文章开头明确列出的，尽管每个段落不需要列出该段落的研究问题，但段落内容其实也应是围绕着总体研究问题的具体子问题展开。

研究问题的质量将在很大程度上影响论证的质量，就好比贫瘠的树根无法长出参天大树一样。在有关选题的一章中，我已经区分了主题、选题、问题和谜题。③ 在论证时必须要有明确可辨认的研究问题，如果作者提出

---

① 崔保国. 走进日本大报 [M]. 广州：南方日报出版社，2007: 11.

② 2017 年日本传媒产业细分领域市场现状分析（图）[EB/OL]. 观研天下，[2017-11-29]. free.chinabaogao.com/chuanmei/ 201711/1129303cR017. html.

③ 苏婧. 学术性写作如何确定选题 [J]. 新闻与写作，2021(5): 101-105.

的研究问题还具有谜题的属性，那么这一问题的回答与论证就会是更有质量的。比如，上文中作者提出的研究问题便不是一眼就能看出答案的谜题，特别是作者在文章的前半段大量介绍了获得广告创意奖的报纸广告作品，呈现出一种日本报业"欣欣向荣"的景象，这一现象就更令读者好奇：这会不会是可供我国报业借鉴的起死回生之路？

有问题，自然就得有回答。**观点、看法、主张、论断**，这几个词是同义的，均指带有一定主观倾向的表述。在上个片段中，作者的观点主张就是日本的广告创意发展拯救不了岌岌可危的传统报业。她的段首句和段尾句都强调了这一观点。进行学术性写作一定要区分观点和事实，事实是客观的、无须论证的，观点则是主观的、必须要论证的。比如，"今天天气很热"就是一句观点，而不是事实，因为"热"是一种主观的判断；相反，"今天气温是 38 摄氏度"就是一句事实，无须辩驳。**这意味着学术写作八成以上的内容应当主要由动词、名词、数据、实例等构成，形容词、副词多了就会过于主观，导致通篇都是观点而缺乏必要的论证。**

如果说研究问题是大树的根基，看法主张就是大树的枝干。一棵大树，树干是最容易辨识的，同理，论证中的看法主张也应当是最清晰可见的。论文写作不能搞《生活在树上》这样的"朦胧美"。初学者常常会觉得自己的观点已经足够清晰了，但当老师多追问几句后，他们观点的模糊暧昧就显现无遗。比如，A 同学的文章是有关未成年女性被性侵的现象分析，她结尾的观点是"我们要加强对中学生的性教育"。我就会追问：首先，主体是谁？谁来加强？"你"（这位同学）和"我"（老师）能加强对中学生的性教育吗？其次，如何"加强"？现在不是已经有性教育吗？那还要怎样加强？将性教育纳入高考吗？还有，加强"怎样"的性教育？怎样的性教育就能够避免未成年女性被性侵呢？这些追问并不是抬杠，相反回答这些问题才是文章真正有价值之处。

两分论八分证，提出观点固然重要，但更重要的是如何证明这些观点是有道理的、值得引起重视的。在上个片段中，作者论证的依据包括数据（广告收入占比）、权威资料（日本报业协会的报告）以及合理推断（创意广告没有带动报纸销量的提升，没有销量就难以得到广告商的青睐，再有创意也将陷入恶性循环）等。获得证据是学术性写作最花精力之处，各个学科所谓的研究方法无外乎就是获取核心证据的过程。譬如，社会科学类比较倚重定量研究（问卷、大数据）或者定性研究（深度访谈、田野调查）的证据；自然科学类则重视实验数据；人文类尽管从认识论上否定研究的完全客观性，但依然需要通过引用一手文献、文本素材、权威专家访谈或已有研究等来构建文章，否则就是夸夸其谈、甚至是胡搅蛮缠。

问题是根基，观点是树干，论据就是茂密的枝叶，最能够反映出学术文章这棵"大树"的生长状态。如何衡量论据的好坏呢？威廉姆斯（Williams）和科伦布（Colomb）认为论据应有四个标准：准确性、精确性、代表性和可靠性。[①] 所谓准确性，是指证据无误。如在历史研究当中，孤证（即只能在一部历史典籍中查找到的素材）一般是不被认可的，这是因为孤证很有可能是杜撰的，不一定准确。所谓精确性，是指证据的颗粒度与研究问题相契合。比如，如果一篇文章的研究问题是中国的新冠疫苗接种有没有犹豫（vaccine hesitancy）的现象？那么，就不能找全球的统计数据，也不能仅找中国某个或者几个省份的统计数据。代表性是指当确实无法获得总体上的全部情况时，选择的样本必须具备代表性。承接上点，如果确实无法进行全国层面上的新冠疫苗接种犹豫现象调查，那么也必须说明所选择的若干省份、若干城市是如何具有代表性和典型性的。可靠性则是研究所拿出的证据是否值得信赖。比如，如果是实验数据的话，实验

---

① Williams & Colomb. The Craft of Argument[M]. London:Longman, 2003: 115-116.

的过程是否可重复？如果是问卷的话，问卷的信度和效度是否达标？如果是文本的话，文本是否一手资料或者是有质量的学术成果？如果是权威专家访谈的话，这位专家是否真的权威，以及作者访谈提问时有没有诱导等。

逻辑结构是组合问题、观点和论据的方式，它们不能堆砌在一起，而是需要有机地结合起来。在上个片段中，整体的逻辑是"总—分—总"。具体到分述部分的各句子之间，基本是一种因果的逻辑链条：报纸的经营主要靠广告收入维系—广告收入的前提是报纸的销售量—创意广告不能带动报纸销量的提高—创意广告不能拯救报纸的衰落。此处，认真思考的读者就一定会发现，咦？好像这个链条有 bug（缺陷）：凭什么说创意广告不能带动报纸销量的提高呢？作者只是举了一年的案例，即 2013 年相较 2012 年是下降的，那么新近的情况如何呢？会不会有一种情况，报纸的创意广告做得特别好，于是读者购买报纸的主要动力渐渐转向了看广告，甚至是收藏这些有创意的广告呢？于是，也能带动报纸的起死回生？这恰恰就是在面批时我对该名学生提出的质疑。

当论证看似正确，但进一步思考、检验却发现是错误的时，这样的论证就包含了谬误（fallacy）。[①]谬误的产生可能是论据本身出现了问题，但也有可能是论据的推断过程出现了问题，就如上文所分析的一样。谬误是学术性写作在论证时最需要注意的，下文就来讲一讲常见的几种谬误和避免其产生的方式。

3. 避免谬误：贯彻论证过程的批判性思考

在学术性写作进行选题论证时，谬误是经常出现的现象。比如，在

---

① 朱迪丝·博斯. 独立思考：日常生活中的批判性思维 [M]. 岳盈盈，翟继强，译. 2 版. 北京：商务印书馆，2016: 119.

文献研究时，很多人都会出现外语排除谬误（foreign language exclusion bias），因为人掌握的语言是有限的，一般就是两种，所以当人们在中文知网和外文数据库中都查不到相关文献时，就会想当然地认为自己填补了所谓学术空白，但很有可能其他语言的学者已经对这一选题进行了研究。再比如，人们常常会有证实性偏差（confirmation bias），最典型的例子就是自己提出的研究假设一般都是成立的，数据统计了一大圈，最后证明了一个常识性的命题，这是因为人们通常会对与自己认识一致的证据更有印象和偏好，会选择性地忽视那些与自己认知相违背的材料和证据。

如果想要系统性地检视自己的偏见和谬误，不妨参考两个材料，一个是 Tevfik Dorak 的偏见混淆和谬误清单，[①] 另一个是朱迪丝·博斯对形式谬误（也即推理谬误）和非形式谬误的分析。[②] 本文由于篇幅所限，仅选取几个典型性的谬误以飨读者。

虚假两难（false dilemma）。虚假两难是指文章提出的选题或假设（hypothesis）本身存在问题，因此怎样论证都存在问题。比如，B 同学的研究选题是《史记》与司马迁"，他的研究问题是"司马迁写《史记》究竟是受到了儒家思想的影响还是受到了道家思想的影响"。这就属于虚假两难：因为司马迁可能既受到了儒家思想的影响，也受到了道家思想的影响，或者他可能也受到了法家思想的影响，甚至还有可能他本身就自成一派，可以称之为史家。这个研究问题本身就限制了 B 同学思考的范畴，无论如何论证都一定会存在偏差。再如，非典初期，时任卫生部部长的张文康在记者招待会上被媒体提问，"北京的非典是不是得到了很好的控制"。

① M. Tevfik Dorak: Bias, Confounding, Fallacies in Epidemiology[EB/OL]. http://www.dorak. info/epi/bc.html.
② 朱迪丝·博斯. 独立思考：日常生活中的批判性思维 [M]. 岳盈盈、翟继强，译. 2 版. 北京：商务印书馆，2016: 119-139.

这个问题也属于虚假两难，当时的情况是非典既没有失控，但也确实不容乐观。遗憾的是，张文康的回答是"是"，结果遭到了境内外媒体的炒作。如果他能够识别这一虚假两难，跳出"是"或者"不是"，回答"我们正在尽全力控制非典"，也许当时的舆论情况就会出现质的改观。

暗设圈套（loaded question）。暗设圈套与虚假两难类似，也是指文章的研究问题本身预设了有问题的前提。比如，C 同学关注到教育部拟将体育纳入高考，因此他的选题是"怎样在高考中纳入体育考试是合理有效的"。这个选题的问题在于，"将体育纳入高考，是不是真的有助于同学们的体质发展和健康维系"其实是有待探讨的，如果只是应试式的，很有可能进一步加重高考考生的负担，也许这个决策本身就是不合理的；这个前提没有讨论清楚，就直接论述怎么办，显然是一种论证的偏差与谬误。类似的还有，"高校要如何隔离艾滋病的感染者""死刑是否仅应当适用于18 岁以上的人群"，问题都存在暗设圈套的谬误，前者将隔离艾滋病感染者视为理所应当，后者则忽视了死刑本身在世界范围内就有争议，并不是所有国家都有死刑。

滑坡谬误（slippery slope）。滑坡谬误是指在论证的过程中直接从 A点跳到了 B 点，而忽视了过程中可能存在的因素影响。比如，D 同学的选题是"关于基因编辑技术的伦理问题"，受到贺建奎事件的影响，他认为"如果继续这样发展基因编辑技术，很有可能出现更多的贺建奎，导致社会贫富差距的扩大，有钱人想要怎么编辑就怎么编辑，从出生就成为人生赢家"。这个论证是典型的滑坡谬误，人类对于医疗领域的科技发展是非常审慎的，无论是克隆技术、基因编辑技术还是人兽胚胎混合技术至今基本都是在实验室阶段，全世界的伦理组织都不能允许以上技术在人类活体上的应用，这也是贺建奎事件受到全球科学界联名反对的原因。类似地，诸如"如果我们继续这样发展人工智能，机器人反过来就会统治人类""如

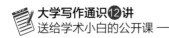

果报纸继续这样得不到广告，纸媒就会彻底消亡"等，均属于过分悲观的滑坡谬误。

稻草人谬误（straw man）。稻草人谬误在辩论或者学术驳论中很常见，是指通过歪曲或错误传达对方的观点来驳倒对方。比如，E同学反对法律对精神病人特殊对待，他给出的论证理由是支持法律对精神病人特殊对待的人往往都想钻法律的空子，通过贴上精神病人的标签来使之躲避法律的制裁。事实上，即便法律对精神病人特殊对待也并不是让他们躲避制裁，而是会采用强制治疗等方式对他们有所控制，而且并不是所有类型的精神疾病都会被"特殊对待"，只有经过鉴定的极个别情况（即精神病患无法意识到和控制自己的行为时）才可以。类似地，诸如"我反对同性婚姻合法化，同性婚姻的支持者都是反主流，想破坏传统婚姻""我反对给性工作者和吸毒人员进行艾滋病的防治，他们都是社会渣滓，罪有应得"等也均属于错误理解支持方的观点和理由的稻草人谬误。

诉诸众人（popular appeal）。诉诸众人也被称为花车策略（bandwagon approach），它是指思维的懒惰，盲目从众，缺乏批判性思考和论证精神。典型的如商业广告，所谓"年轻女孩的必备""时尚潮流的代表"之类，都通过营造一种"人人在花车上，你也应当跳上花车"的错觉来诱导消费。在学术性研究中，诉诸众人的谬误反映为很多初学者提出的研究问题或者研究假设往往都是随大流的，论证来论证去也就是知乎网友回答问题的水平。上我写作课的一名同学，不知道如何找选题，干脆就跑到知乎上去看热度最高的问题及其回答。如果不能跳脱出诉诸众人的思维陷阱，那么学术写作可能永远也达不到值得发表的水平。

如何避免谬误呢？朱迪丝·博斯给出了9条策略，包括：了解论题、建立自信、采用怀疑的态度、重视倾听、将论点和表达论点的人区分开、避免使用含有歧义或者错误语法的表达等。[①] 在我看来，可能最为关键的一点就是建立批判性思维。在思维一讲中已经指出，学术性写作的要义是对思维能力进行训练。**谬误说到底是一种错误的思维方式，人们或者未曾察觉，或者察觉到也并不觉得需要修改，这是因为突破谬误需要更严谨、科学、理性、批判的论证，其实是难度极高的**。只有充分意识到学术性写作（或者扩大一点讲叫作说理性写作）从本质上是对人的思维能力和综合素养的提升，是建立独立自主的人格的必备条件，我们才能从根本上脱离惰性，通过写作达成更好的自己。

想一想，说一说

1. 看一看你写过的文章，是"论"多一点，还是"证"多一点？在你看来，如何增强学术性文章的论证？

2. 尝试找到一篇你认为不错的学术论文，找一找，它的问题、主张、论据和结构都是怎样的？

3. 你的文章犯过谬误吗？如果有，说一说是怎样的谬误。

[①] 朱迪丝·博斯. 独立思考：日常生活中的批判性思维 [M]. 岳盈盈，翟继强，译. 2 版. 北京：商务印书馆，2016: 137-139.

第 5 讲

搭建结构：
赋予学术写作完整有生命的形式

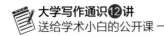

　　如果说文献资料和研究数据是学术性文章的血肉，那么结构就是它的骨骼。没有清晰的结构，文章就是一盘散沙，纵使研究数据再漂亮，文献资料再丰厚，文章也了无生机，令人不知就里。于是，朱光潜先生才说作文运思时"最重要且最艰苦的工作"不是搜索资料，而是对资料进行取舍、选择和安排，"给它们一个完整有生命的形式"。①

　　据说乐高（Lego）积木在全世界都很畅销，甚至除了孩子，在成年人当中也不乏资深爱好者，这既说明将散乱无章的素材转化为井井有条的成品是埋藏在人类基因中的共有特质，也说明搭建结构并非信手拈来的易事，需要智慧，需要指引，也需要训练。

1. 学术文章可"套路"

　　"套路"一词一般被理解为贬义。但对于学术性写作的初学者而言，

---

① 朱光潜. 谈读书 [M]. 北京：中国青年出版社，2015: 68.

学会学术性写作的"套路"却是至关重要的一步。所谓学术性文章的"套路"就是指学术文章的经典结构 TAIMRDR，即：标题（title）、摘要（abstract）、引言（introduction）、方法（method）、结果（results）、讨论（discussion）和参考文献（references）。[①] 绝大多数的自然科学类和社会科学类论文都遵从这一经典结构，人文类文章（如哲学、艺术等）虽然更强调观点而不是方法，但也必须包括标题、摘要、引言、讨论和参考文献等部分内容。

有些初学者对 TAIMRDR 这一结构嗤之以鼻，认为其八股、死板，但殊不知这是全世界的学术共同体经过数百年的探索而形成的最高效便捷的写作范式，尽管有其机械化的一面，但却是维系学术共同体运转前进的必要制度性设计。一般认为，当代学术期刊的鼻祖是 17 世纪亨利·奥尔登堡创办的《伦敦皇家学会哲学学报》，当时欧洲社会的科学研究有巨大发展，为了让学术共同体能够就同一学术问题展开讨论，彼此知晓相互开展的研究，避免做无用功，学术期刊诞生了。就如同电报催生了倒金字塔结构的新闻写作一样，学术期刊的诞生与快速发展也倒逼文章作者用最简洁明了的方式促进学术共同体的对话和前进。随着各类电子期刊数据库的兴建，学术性写作也要适应和符合快捷检索的需要。逐渐地，TAIMRDR 结构诞生并固定了下来。

在 TAIMRDR 结构中，标题、摘要和关键词是一篇文章核心要点的凝练展示，体现着文章的菁华，在电子期刊数据库中，这三个要素也会被放在最突出显眼的位置，供研究者快速知晓论文的要义。对于研究者而言，即使工作再繁忙也要保持定期浏览所在领域前沿发表文章标题和摘要的习惯，如果标题和摘要足够吸引人，则需要继续深入阅读相关文章。关于这

---

① 刘军强. 写作是门手艺 [M]. 桂林：广西师范大学出版社，2020: 197.

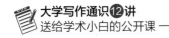

三个要素的写作，请看本书的下一讲，此处不再赘言。①

方法和结果是学术性文章最原创、最体现智力劳动之处。对于量化研究而言，方法应当可操作、可重复，结果应当可评价、可验证；对于质化研究而言，方法也应当是透明、公开的，结果要经得起推敲。方法和结果于学术性写作而言是决定性的、是学术性写作的原点。换句话说，如果作者没有方法、没有发现，甚至也没有主要观点，就是把文献资料按照一定的逻辑排布起来，这篇文章也没有丝毫发表的价值；一篇文章，纵使标题再精彩、摘要再凝练、选题再精妙，如果方法和结果有硬伤，那么也不可能投稿成功。因此，方法和结果的写作要领是清晰、准确、简洁，作者不仅要将悉心研究的成品和盘托出以飨读者，还相当于要把自家餐厅的后厨和整个制作的流程开诚布公地展现出来，接受评审人和读者的检阅。某种意义上讲，方法和结果的写作要让外行人也看得懂，而不是故弄玄虚、云里雾里。

引言和讨论最能体现写作者的理论功底和写作水平。引言一般就是一篇文章的开篇，它决定了文章的格局，并不是随随便便写写而已。一般建议初学者最后写引言，这是因为很多人养成的写作习惯是准备写文章了就打开一个 Word，边想边写，写写删删，结果一两个小时过去了 Word 还是一片空白。另外很多人在开始写文章时都不知道自己会写到哪里。与其如此，不如先写方法、结果、文献这些比较明确的部分，等文章的大架构和核心内容出来了再好好打磨开篇。讨论不是对研究发现和数据结果的简单重复，很多初学者在写讨论时就是车轱辘话来回说，同一个意思换成不同方式表达。讨论是文章的升华，文章就好像是一小块拼图，撰写讨论的要义就是要将这块拼图完美地嵌入到学术共同体的大幅图景中。因此，讨论需要跟经典文献对话，尤其要回答的问题是你的研究于相关领域而言有

---

① 苏婧.画龙还需点睛：学术性写作标题和摘要的撰写 [J].新闻与写作，2021(7):103-107.

什么必须发表的价值。一般而言，文献综述部分的文献与结尾讨论的文献是要呼应的，行文的逻辑是：通过文献综述，你发现了被学术界忽视的一个重要研究问题；你通过合理的研究设计和方法操作得出了研究发现；通过结论和讨论，你的研究发现可以有效地回答这个重要的研究问题，并且能够推进相关理论的新解释或者产生新的适用条件等。

参考文献不是一篇文章可有可无的点缀。参考文献至少有以下作用：体现研究的规范性和严谨性；展现文章构思的轨迹和研究的线索；表明作者阅读文献的水平以及是否能够把握相关领域的核心问题和经典文献；凸显作者所做的案头工作和理论功底；反映作者与全世界学术共同体对话的意识；方便其他人查阅等。对于人文社科类研究而言，参考文献的丰厚程度一般与作者的学术水平是呈正比的。参考文献的写作通常要遵循不同学术期刊或者学位论文的要求，忠实准确地记录作者所参考的资料。对于初学者而言，一定不要找捷径和图省事，譬如只看了两三篇文章，就将这两三篇文章的所有参考文献列成自己的文献，这是有违学术诚信的。如果要引用，必须找到原始文献，认真研读后才能引用；如果实在找不到原始文献（比如一些海外的文章，尤其是非英语语言的文章），则必须要将其标注为转引。

总之，**学术论文是高度结构化的，这是知识生产的一种必然的制度化安排**。对于初学者而言，"套路"不是写作的束缚，而是写作的指引，就如同乐高搭建的说明书那样，一步步指导作者完成作品。小孩子学走路如果摇摇晃晃还没走稳就着急忙慌地跑起来，必然是要摔跤的。写作亦如是，"套路"还没学会，发表的文章寥寥无几，就不以为然地称其为八股，那必然是要吃苦头的。

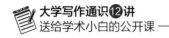
2. 先写提纲，再写文章

当然，学术写作并不是只有"套路"而已。很多人对科研产生不了兴趣就是因为套路化的文章看多了、写多了，找不到研究的兴奋感和幸福感。清华大学本科学生的写作课几乎不讲套路，这一方面是因为清华写作课面向的大一新生基本不接触理论和方法，也没有能力自主做实验、跑田野、做问卷，想套路也套路不起来；更重要的是这些学生终归有一天会学习到自己学科写作的套路，在此之前更重要的是让他们通过写作学会独立思考，学会驾驭自己的文字与表达。因此，清华大学写作课更看重的是学生如何选题、如何立论、如何论证。如此说来，是不是清华对于学生的文章结构就没有要求，任他们天马行空，随意行文？

当然不是这样。尽管我们不会要求学生按照 TAIMRDR 结构套路来写，但依然会要求学生注意结构、加强构思，让文章能够自如地流动起来。清华大学的写作课一般要求学生们上半个学期交一篇 3000 字左右的短文，下半个学期交一篇 5000 字左右的长文。两篇文章都不是一蹴而就的，通常学生要经历报送选题、提交提纲、文献综述、撰写初稿、初稿面批、提交终稿等步骤，教师会对学生进行全过程的写作质量控制，哪个环节不过关都很难进入下一个环节。

其中，提交提纲就是关乎结构的重要一环。初学者务必要先写提纲再着笔写作。撰写提纲时初学者常常犯两种典型错误：一是提纲过于宽泛，比如 A 同学的选题是"西部地区留守儿童的心理健康干预研究"，提纲就是三个大点：西部地区留守儿童的心理健康干预现状、西部地区留守儿童的心理干预问题、西部地区留守儿童的心理干预建议。这样的提纲列了等于没列，完全不能起到指引文章写作的目的，学生打开 Word 之后头脑还是一片空白。我的观点是，提纲应当像是电子产品的使用说明，即便是傻

瓜看了之后都能够一步步按图索骥，上手操作。二是提纲过于细碎，不仅
列了三四层标题，每个部分的写作要点也都列得清清楚楚，结果写作时谨
小慎微，不敢突破提纲的限制，全程写得别别扭扭。事实上，写作时随着
研究的深入，或是发现了新的资料，或是突然的灵感迸发，或是发现原提
纲出现了逻辑问题，往往都需要推翻预想，或大幅或小幅地调整修改提纲，
这时如果还是按照原来的提纲来写作就很有可能削足适履。

有人会说，既然往往计划赶不上变化，是不是干脆就不要提前撰写提
纲更省时省力呢？当然不是。**撰写提纲锻炼的是写作者的思维，只有想清
楚文章的主要研究问题、研究发现和基本论证脉络，才能把提纲清清楚楚
地列出来，而这是动笔写作的前提。脑袋还是一壶酱就匆匆忙忙落笔不是
越写越乱吗？** 正所谓提纲挈领、纲举目张，撰写提纲是正式写作前的必备
动作，目的就是把研究的重点和写作的思路搞明白，只有如此接下来的写
作才能一马平川、事半功倍。

3. 让文章流动起来

提纲也好，结构也罢，其实就是思考文章各个要素之间的搭配与
排列。很多初学者认为自己的数据结果已经做出来了，文献资料也找得
七七八八，把它们串在一起不就完事了？殊不知，这个"串"也有很多不
同的方式。就如同石墨和金刚石其实都是碳元素组成的，但一个柔软绵滑，
一个坚硬无比，这是内部结构的不同而导致的物理性质的巨大差异。

所谓文章的构思至少一半的气力都应当是花在思考结构上。搭建学术
文章的结构，很重要的原则就是流动性，要让读者感到文章如同行云流水、
环环相扣，读起来不仅不会吃力，而且有一种水到渠成、顺理成章的感觉，
从头到尾始终保持阅读的兴趣。

文章如何能流动起来呢？这里推荐几种经典搭建结构的逻辑。一是"过去—现在—未来"式，这是一种历时的逻辑。赵本山和宋丹丹有个经典的小品就叫作《昨天今天明天》，这个小品之所以广为流传除了两位艺术家的精湛表演外，也得益于"昨天—今天—明天"是人们典型的思维范式。在学术性写作中，"过去—现在—未来"式讲求的是在对历史和现状精准剖析的基础上对未来提出建议或者预测。典型如余新忠先生的《瘟疫下的社会拯救》①一书，该书创作的背景是 2003 年非典，感慨于瘟疫对社会生活的重大冲击，作者以时间为顺序，历数明代万历之后的社会重大疫情，勾勒了国人与疾病的斗争史和社会史。基于史料的研究，作者对近代以来我国公共卫生制度的确立、建设与发展进行了回顾与分析，也提出了对于抗击诸如非典之类的重大瘟疫的建言，在新冠疫情来袭的背景下，该书仍有阅读参考的价值。

二是"现状—问题—对策"式，与"过去—未来—现在"式相反，这是一种共时的逻辑。也就是说，"现状—问题—对策"就像是在时间线上切了一刀来剖析横截面上的问题，并提出针对性的建议。"现状—问题—对策"是初学者最容易想到的一种布局结构，在笔者所教的写作课上有大量学生的作品都使用这种逻辑，比如上文提到的"对我国西部地区留守儿童心理健康干预的现状分析和对策建议"，再比如"对我国临终关怀产业的现状分析和问题诊断"，再如"对中小学性教育的开展现状的分析""对性教育边缘化问题症结的讨论以及出谋划策"等。

尽管"现状—问题—对策"是初学者最容易想到的结构，但其却是笔者最不推荐初学者写作时使用的结构。不推荐的理由包括：第一，初学者往往无法开展实地调研，也拿不到内部数据，因此对现状和问题的分析要么

---

① 余新忠. 瘟疫下的社会拯救：中国近世重大疫情与社会反应研究 [M]. 北京：中国书店出版社，2004.

隔靴搔痒，要么就是带入大量的主观经验和打听到的小道消息，很难做到一针见血。

第二，初学者给出的建议往往都是高举高打的文件语言，基本就是微博评论或者知乎问答的水平，非常地想当然。比如，上述研究中小学性教育的同学提出的建议一是将性教育纳入常规课程，二是培养专门讲授相关课程的老师，三是在高考中增加性教育有关的内容。这些建议不是已经在执行了就是根本不具备可执行性。很多同学在建议部分写的都是"要加强法治建设""要加强媒体宣传""要加强警示教育"之类的空泛文字，纯粹是在浪费篇幅。在我的写作课上，如果学生非要按照"现状－问题－对策"的结构撰写学术性文章，我往往会要求他们止步于对策。事实上能够将现状描述清楚、精准把握问题就已经是对初学者的较高要求了。

第三，"微观—中观—宏观"式，这类似新闻写作的华尔街体。华尔街体的典型结构是开头镜头对准一个家庭或者个体，先讲述小人物的故事，接下来镜头拉远，引入语境和背景，讲述时代变化的命题。"微观－中观－宏观"式便是这样，即从典型案例的剖解入手，将麻雀解剖清楚之后提出其普遍性和代表性，再探究社会运行的规律。这种结构西方的学者比较擅长，典型作品如薛爱华的《撒马尔罕的金桃：唐代舶来品研究》[①]，该书从一个个鲜活的丝路流通品入手，生动形象地展示了大唐盛世和丝路文化，也彰显了世界文明的交流史。《从莎草纸到互联网》[②]也类似，每个章节作者都是从具体细微的小故事入手，但恰恰是从西塞罗的通信簿、罗马城墙的涂鸦、咖啡馆的对话和潘恩的小册子中，人们看到了社交媒体绵亘千年的缩影，理解了大众媒体的发展规律，理解了为什么今天的社交媒体是旧媒体，百年前的大众报刊反而是新媒体。

① 薛爱华.撒马尔罕的金桃：唐代舶来品研究 [M]. 北京：社会科学文献出版社，2016.
② [英] 斯丹迪奇.从莎草纸到互联网：社交媒体 2000 年 [M]. 北京：中信出版社，2015.

第四，"现象－内涵－本质"式，这是笔者最推荐初学者练习的结构逻辑。所谓内涵就是对现象的理解，而这一结构最精妙之处就是不仅要对现象有所解释，而且还要继续深挖，探究这一现象发生的本质。之所以推荐初学者练习这一逻辑结构，就是因为其符合写作训练的初衷——对思维的训练。这一逻辑结构促使研究者不断 go deeper（深挖），从一个点深挖下去，而不是铺个面夸夸而谈。比如，在笔者"健康"主题的写作课上，B 同学写作的主题是"女性的月经"。她观察到生活中的一个典型现象，即女生来例假往往会说"我来那个了"，或者我来"大姨妈"了，几乎很少有人会直接说"我来月经了"。针对这个现象，她给出的解释是月经被污名化了。她指出，与疾病的隐喻类似，这一回避或隐瞒的行为展现的是当事人认为这件事让自己陷入"丢脸"（discredited）或"会丢脸"（discreditable）的困境，而这两种情景来源于人意识到自己身上带有与他人"与众不同"之处，这"与众不同"正是戈夫曼所称的"污名"（stigma）。[①]于是，"月经为何会被污名化"成为了她接下来顺理成章要深入分析的内容。B 同学指出，与阴道和性的相关是月经从古至今被污名化的原因。这从本质上反映出男权社会对女性的规训，渐渐地，女性也将这一套社会规范内化成为自身的认知与行为。

再比如，C 同学研究的选题是"医院建筑风格的变迁"。C 同学来自美院，她敏锐地发现医院的建筑风格并不是千篇一律，而是千姿百态。在不同时期建筑的医院呈现出一些共通的特点，反映出了时代的风貌。比如，百年前的医院建筑大多是西式古典风格，还有些类似基督教堂，这反映的是西方文明侵入我国的进程，也折射出医务传道的历史；新中国成立初期的医院建筑则是一种传统风格和现代建筑的混搭，这鲜明地受到了苏

---

① [美]欧文·戈夫曼.污名——受损身份管理札记[M].宋立宏，译.北京：商务印书馆，2009：5.

联"民族形式、社会主义内容"建筑理念的影响；改革开放后兴建的医院多采用金属复合板、玻璃等工业建筑材料，外观线条流畅，几乎没有装饰元素，玻璃窗和墙面排列整齐划一，视觉上有极强的秩序感、节奏感和工业感，这反映的是市场经济对医疗领域的入侵；而千禧年后建成的医院则以获得2013年世界建筑新闻网奖的南京鼓楼医院为典型，是一种后现代主义、更具有人文关怀的花园式的建筑群落。医院作为一种公共空间，其外观形式的变迁本质上反映的是权力对于社会生活的规则，但医院建筑的人性化趋势亦反映出国人对"医院是什么"的认识变化：是西方文明、国家象征、交易场所，还是温馨家园？从消极被动地建设到积极主动地设计，从对标准和形式的盲目照搬到理性审视并突破创新，这一演化过程实质上是国人医疗理念的进步和文化自信的体现。应当说，B同学和C同学的作品都是初学者构思文章的典范，体现出了思维的质量、研究视野的宽阔和知识储备的扎实。

搭建结构，化繁杂为条理，化无形为有形。刘勰的《文心雕龙·总术》有云：夫善弈之文，则术有恒数，按部整伍，以待情会，因时顺机，动不失正。数逢其极，机入其巧，则义味腾跃而生，辞气丛杂而至。也就是说写作与下棋一样是有套路和技巧的，如果能够掌握技巧，"按部整伍"，自然可以完成得出色。但更为精妙的是"以待情会"，如果能够投入更多的心思与情感去建构文章，那文章的义理韵味将会更加气势磅礴，写作的水平自然也就更上一层楼了。

想一想，说一说

1. 学术文章的"套路"是什么？如何辩证地理解这一"套路"？

2. 说一说，你从前 / 正在撰写的文章是什么结构？这一结构有没有改进的空间？

3. 找一篇你认为的学术写作佳作，谈一谈它是如何谋篇布局的。

第 6 讲

画龙还需点睛：

学术性写作标题和摘要的撰写

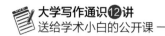

一篇学术文章想要投稿高中，重要的是写好什么？答案可能不一而足。但若是回答"标题、摘要和关键词"，恐怕没有人会提反对意见。标题、摘要和关键词，尽管这三者加在一起字数可能不及全文的百分之五，但却是一篇文章最菁华的体现。都说眼睛是心灵的窗户，标题、摘要和关键词就好像是学术性文章的眼睛，会给读者留下最深刻、最直观的印象。画龙还需点睛，学术性文章的标题、摘要和关键词应当被作者好好打磨、反复推敲。

1. 适度标题党：让标题开口说话

标题是读者对文章的第一印象，好的标题自己能够开口说话，召唤读者停下脚步、饶有兴趣地开启阅读之旅。笔者开设的写作课设有长文开题答辩一环，A 同学拟撰写的文章叫作《通过从多角度看待中国近年控烟失败原因提出未来控烟政策发展方向》，PPT 打开，台下同学继续玩弄手机；B 同学拟撰写的文章叫作《为什么没有北方报系》，题目一报，台下同学纷纷抬头、擦亮眼睛。不夸张地说，很多学术性文章之所以是"死"的，没有下载、没有引用，甚至发表不出来，就是因为标题味如嚼蜡，劝退了读者和评阅人。

标题如同高速公路旁的广告牌①，适度地吸引眼球，搞点"标题党"，在信息和知识爆炸的当代是必要且必须的。**尽管做学术文章时科学、严谨、求实是基本原则，但这并不意味着写作时要呆板、机械、晦涩、拗口、如一潭死水。相反地，很多学术经典仅看标题就令人兴趣盎然。**譬如金克木先生的《书读完了》，标题四个字冲击力极强，让人不禁想要翻看和追问——"书真的读完了吗？书读多少算是够用呢？我应该如何看书才是有益的？"等。再譬如，孔飞力的《叫魂：1768 年的中国妖术大恐慌》，"叫魂""妖术""恐慌"搭配在一起，令人浮想联翩，有股想要穿越到乾隆时代的冲动。试想，如果这本书叫作《清朝前中期的皇权、官僚体系与社会关系》，恐怕大概率会无人问津。还如，费孝通的《乡土中国》、杨念群的《再造病人》、苏珊·桑塔格的《疾病的隐喻》，这些著作不仅成为了叫好卖座的学术经典，甚至其标题本身也已经幻化成为了学术符号，引领了一批学者的后续研究。

初学者拟标题恐怕还达不到大师级的水平。那么，一篇合格的学术文章的标题至少要满足哪些基本要求呢？首先，**表意要清晰**。比如一篇叫作《小冰的阳光与玻璃窗》的文章，标题就令人不知所云，改成《人工智能写作的现状与发展前景》就一目了然了。再如《巫医从同源到相对立与社会历史文化的变迁分析》，标题不仅拗口，也看不出作者要论述的核心问题，改成《巫医：起源、历史与发展》便清楚直观很多。初学者在拟标题时不要妄求一步到位，一般可以先草拟一个标题放着，等全文构思、撰写

---

① 温迪·劳拉·贝尔彻. 学术期刊论文写作必修课 [M]. 孙众，温冶顺，译. 北京：教育科学出版社，2015: 262.

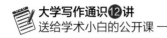

完毕再回过头来修改、打磨标题，这样做的好处是可以在全面把握文章的基础上推敲最贴合适当的标题。犹如画龙点睛，最精彩抓人的部分可以放在最后一个步骤进行。

其次，**表意要准确**。一般比较工整的标题可以包括研究对象、研究视角、研究问题、研究理论、研究方法、研究结论中的若干要素，标题将这些要素有选择地组合起来，可以反映出作者的研究旨趣和问题意识。如今，学术界比较流行"主标题 + 副标题"的写作方式，普遍认为双标题看起来有"高级感"。但一定要注意的是主标题和副标题应当彼此呼应，而不是割裂、矛盾。比如，一篇文章的题目是《〈新华日报〉与〈解放日报〉的发展研究分析——边缘化的旧"城市型办报"》，这令人困惑——作者究竟是要对比《新华日报》和《解放日报》的不同发展路径，还是要重点分析《新华日报》的城市型办报模式被边缘化的原因呢？这其实是两个截然不同的选题。再如，《大众文化下报纸的"雅俗共赏"——以网络流行语为例》，也令人不解——到底作者是要研究报纸，还是要研究网络流行语现象？其实，作者是想研究党报改革转型中纷纷采用网络流行语撰写新闻的现象，那么标题可以改为《党报使用网络流行语的原因分析》，尽管标题简单，但更准确，易于理解。

如果采用双标题，则主标题和副标题应当是相得益彰的，比如，鄙作《天人合一与梵我一如：中医与阿育吠陀的跨文化比较》①，标题之所以提炼并强调"天人合一"与"梵我一如"，就是因为前者是中医文化理念的浓缩代表，后者则是阿育吠陀医学文化理念的提炼精华，两者放在一起可以很直观地看出它们的相似性，都是追求一种人与自然（外部世界）的平衡与融合；而深究这两个理念也可以发现中医与阿育吠陀的本质不同，即中

---

① 苏婧 . 天人合一与梵我一如：中医与阿育吠陀的跨文化比较 [J]. 亚太传统医药，2019(8): 1-9.

医的"天人合一"最终落脚点是人——根据"天"来养生的目的是为了人的健康，阿育吠陀的"梵我一如"最终落脚点是梵——古印度哲学的最高境界是消灭小我、融入大我（梵）中。

最后，**标题宜短不宜长**。删繁就简是打磨标题的方向。比如，《30年后，〈讽刺与幽默〉已不再有讽刺与幽默——20 世纪 80 年代与当今的〈讽刺与幽默〉报中政治新闻漫画对比》的文章，其标题就是令人崩溃的。这么长的题目恐怕没有学术期刊愿意刊登。其实，它保留主标题、删掉副标题就是清晰且准确的。再比如，开头提到的例子《通过从多角度看待中国近年控烟失败原因提出未来控烟政策发展方向》，作者后来将标题改成了《中国"以税控烟"的可行性分析》，就直截了当且清爽顺畅。

为了给标题"瘦身"，建议读者可以删掉冗余且没有新意的研究背景（比如，"新媒体环境下""媒介融合视域下"等），或者尝试把双标题合并（比如，将《人民中的女性——从〈人民日报〉三十年妇女节报道说起》改成《〈人民日报〉近三十年妇女节报道研究》）等，也可以尝试通过提问的方式拟定标题，比如《为什么没有北方报系》，就比《南方报系的品牌经营与品牌传播模式探究》要有吸引力、抓人眼球。

2. 精选关键词：为学术文章打上标记

如果说标题是高速公路旁的广告牌，那么关键词就是高速公路上的指示语。广告牌的作用是吸引人们的注意，指示语的作用则是提示人们最为关键的信息。**一篇学术文章的关键词是学术文章的浓缩符号，是用最为概括凝练的方式告知学术共同体这篇文章所涉及的研究领域和研究话题。于是，有相同旨趣的学者可以通过关键词构建链接，进行文献之间的对话与学术交流。**关键词绝不是学术文章可有可无的边边角角。

学术性文章的关键词可以从以下领域进行选择：研究对象、关键概念、核心理论、方法视角、研究结论等。关键词本身一定要是"关键"的，换言之，如果关键词涉及的内容在文章中出现的篇幅不到四分之一，这个词就不能被称为关键词。一般而言，一篇一万字左右的学术论文，关键词列3~5个为宜；学位论文的关键词可以适当增加，但也不宜超过8个。关键词的词性应以名词为主，除非是专有名词或共识性的学术概念，否则一般不用词组。

试举几例。比如，前文提到的鄙作《天人合一与梵我一如：中医与阿育吠陀的跨文化比较》，这篇文章的关键词即：中医、阿育吠陀、跨文化比较、天人合一、梵我一如。其中，"中医"和"阿育吠陀"是该文的研究对象；"跨文化比较"是研究视角；"天人合一"与"梵我一如"既是关键概念，也是研究结论的体现。不难发现，这篇文章的关键词都出自标题，但这只是一种巧合。初学者在提炼关键词时往往只会通过分解标题来找寻，于是常常闹了笑话，比如我的学生撰写了题为《中美突发公共卫生事件的应对机制对比分析》的文章，关键词被设定为中美、突发、公共卫生事件、应对机制和对比分析，这是很有问题的。"中美""对比分析"都不适合作为关键词，"突发""公共卫生事件"应当合并，"突发公共卫生事件"是专有名词。再如，鄙作《寻找一个完整而非碎片化的哈贝马斯——谈"公共领域"思想及其发展》[①]，这篇文章的关键词显然不能是"寻找""完整""碎片""思想""发展"之类，这些都不能指向特定的学术概念和研究领域。它的关键词是：哈贝马斯、公共领域、全球化和信息社会。这篇文章的主旨是："通过全面梳理哈贝马斯的学术发表史，发现公共领域在哈贝马斯思想中的核心地位，并且探讨这一充满历史语境的概念，在当前的全球化和

---

① 苏婧. 寻找一个完整而非碎片化的哈贝马斯——谈"公共领域"思想及其发展 [J]. 新闻界，2018(5): 67-76.

信息社会背景下，学者对其做出的新的阐发，尤其是以拉什（《信息批判》的作者）为代表的后现代主义学者对公共领域从哲学层面的解构。"这里，"哈贝马斯"和"公共领域"就是研究对象和关键概念，"全球化"和"信息社会"指代后续学者探讨这一概念的学术语境，如果还可以增加一个关键词，那么"信息批判"也是比较合适的。

如果初学者还是感到困惑，这里有一个简单易行的小贴士：不妨换位思考一下，如果自己在知网中进行文献检索，你可能使用怎样的关键词？上文提到的"对比分析"一词之所以不适合作为关键词，是因为用这个词检索出来的文章根本无法构成一个学术共同体，检索结果很可能五花八门，探讨什么领域的都有，这样一个关键词就没有办法发挥本节开头所述的指示作用，既无法标记出一篇文章所属的研究领域，也不能促成相关的学术对话和学术生产。总之，无法用于检索文献的词显然不适合作为任何一篇文章的关键词列出。

3. 打磨研究摘要：麻雀虽小、五脏俱全

摘要是迷你版的文章，是读者了解一篇文章内容的窗口。无论是一般读者在数据库里检索文章，还是评阅人决定对所评稿件的意见，摘要都是极其重要的考量指标。与标题类似，摘要和关键词也属于学术性写作画龙点睛的部分，适宜作为学术性写作的最后一个步骤精心打磨。

撰写摘要有三个原则：清晰简洁、提纲挈领、重点突出。所谓清晰简洁，意思是摘要要尽可能用最少的文字，清晰准确地表达出文章的核心意思。一般而言，一篇 1 万字左右的文章摘要在 200 字以内为宜；学位论文的摘要可以适当拓展，但即便是 20 万字以上的博士学位论文，摘要通常也应当在一页纸内完成。所谓提纲挈领，意思是摘要应当做到"麻雀虽小、

五脏俱全"，在有限的字数里，研究意义、研究问题、理论方法、研究结论等方面都要有所涉及，是整篇学术性文章的"干货"提炼，而不应是仅仅概述一下研究问题和研究意义。所谓重点突出，意思是摘要应尽量把文章的结论和亮点挖掘出来，让读者和阅评人可以直截了当地评估文章的阅读价值或者发表价值。

需要指出的是，投稿至国内重要学术期刊（北核、C刊）一般都需要作者提交中英双语的标题、摘要和关键词，中文摘要100~200字，英文摘要300~500个单词。初学者在入门时就要锻炼用中英双语撰写摘要和关键词的能力，其好处在于入门时就有全球对话的意识，不仅可以有意识地收集、阅读、整理外文文献，还能避免凭空创造一些过于中式化的学术表达。投稿外刊时还要特别留心不同期刊对摘要的要求，要根据要求定向撰写文章的摘要。事实上，SCI和SSCI对摘要的要求差别很大，部分SCI对摘要的要求特别细致，除了通常意义上的摘要（abstract），有时还会要求作者提交总结（summary），两者的功能是有区别的，比如在鄙作 *Internet access*，*usage and trust among medical professionals in China*：*A web-based survey*[①] 一文中，摘要包括目标（objectives）、设计（designs）、结果（results）、结论（conclusion）四个方面，摘要过后还要先写总结，需要将文章发现了什么（what is known）和什么是创新性的发现（what is new）列在正文之前。

再举一组相似选题的摘要进行对比。2015年，中国中医科学院的研究员屠呦呦凭借青蒿素研究对人类健康的巨大贡献荣获诺贝尔生理学或医学奖，成为我国获得该奖项的第一人。各界高度关注屠呦呦获奖，中医药、新闻传播、女性研究等领域的研究者也格外关注国内外媒体在报道屠呦呦

---

① Zhou H, Zhang J, Su J. Internet access, usage and trust among medical professionals in China: A web-based survey[J]. International Journal of Nursing Sciences, 2020(7): 38-45.

获奖时的报道框架或者话语策略，以窥探其背后所反映的对中医药、中国传统文化、女性科研工作者、集体主义工作方式等所持的意识形态观念。笔者收集了四篇以屠呦呦获奖报道为研究方向的典型发表文章，此处不妨对它们的摘要进行比较，从而发现写好摘要的要义。

1. 标题："媒介事件"视角下中医药文化全球传播研究——以屠呦呦获得诺贝尔奖事件为例

摘要："媒介事件"是通过电视等传媒手段构建的文化仪式，具有提升文化认同、凝聚文化共识的作用。以屠呦呦获得诺贝尔奖为例，通过分析这一事件的仪式性过程、中外媒体报道的议题框架和文本特点，探析"媒介事件"对中医药文化传播的作用和意义，并从中获得启示，促进中医药文化的全球推广。①

2. 标题：性别议题的媒体表达研究——以9家媒体对屠呦呦获诺贝尔奖的报道为例

摘要：运用内容分析法和性别研究的框架，对人民网、新京报网、南方网、凤凰网、中华女性网、新浪、网易、搜狐、腾讯这9家媒体对屠呦呦获诺贝尔奖的报道情况进行性别分析发现，这些媒体尽管对屠呦呦获奖的报道有一定的重视，但是从社会性别的角度对报道内容进行议程设置的却并不普遍。媒体对性别议题的表达存在着多元化的话语设置方式，既有从性别平等和性别公正角度出发设置的报道议程（即具有性别敏感的报道），也有从一般性的新闻报道程式进行的议程设置（即性别不敏感的报道），也有从歧视性和差别性的视角出发设置的议程（即性别歧视性报道）。除了中华女性网之外，其他媒体对性别议题的报道均存在着性别不敏感的

---

① 李芳."媒介事件"视角下中医药文化全球传播研究——以屠呦呦获得诺贝尔奖事件为例 [J]. 中医药管理杂志，2020, 28(1): 1-4.

问题，对女性被报道对象的性别凝视，使得媒介对屠呦呦的外貌、衣着、家庭关系过度关注，这种媒介生产与传播模式暴露出媒体对从社会性别的角度设置性别议程的重要性还不够重视，也比较缺乏对性别议题予以"性别化"设置议程的意识和能力。[①]

3. 标题：基于语义关联分析的学术网络舆情传播研究——以科学网屠呦呦获诺贝尔奖博文为例

摘要：通过语义关联分析发现学术网络舆情信息传播的规律，为社交网络环境下学术舆情的传播提供了新的视角和分析方法，为探索学术舆情信息传播规律，引导和控制学术舆情的发展提供参考。以科学网屠呦呦获诺贝尔奖博文文本为分析对象，采用语义关联分析方法，使用 Gephi 复杂网络分析软件计算网络结构特征和可视化，研究学术网络舆情信息传播规律。语义关联分析能从内容视角发掘学术网络舆情热点话题、传播特征和演进过程；采用分阶段的形式研究学术舆情传播，有利于发现不同舆情阶段网络结构特征、语义关联二元词组共现的区别。[②]

4. 标题：中美报纸"屠呦呦获奖话语"的互文性特征研究

摘要：以中美报纸屠呦呦获诺贝尔奖报道为语料，基于互文性现象对比分析其中的 76 条直接引语。研究发现中方突出屠呦呦获奖的意义、获奖引起的积极反响以及对中医药的肯定，美方着眼获奖给中国科研带来的启示，鲜见报道屠呦呦获奖与中医药成就的关系。对互文修辞特征的分析揭示了中美报道语篇中蕴含的不同信息舆论倾向。[③]

① 张敬婕，王雪琪 . 性别议题的媒体表达研究——以 9 家媒体对屠呦呦获诺贝尔奖的报道为例 [J]. 山东女子学院学报，2018(2): 62-66.
② 侯治平等 . 基于语义关联分析的学术网络舆情传播研究——以科学网屠呦呦获诺贝尔奖博文为例 [J]. 情报杂志，2017, 36(5): 118-123.
③ 张千等 . 中美报纸"屠呦呦获奖话语"的互文性特征研究 [J]. 中医药导报，2019, 25(17): 26-29.

抛开文章的选题和内容不谈，仅从摘要的撰写方面看上述四个主题有一定相关性的文章，哪一篇摘要的写作相对更为理想呢？答案恐怕是第四篇。

第一篇摘要写作的问题很典型，很多初学者写摘要就是这种模式，即高度概括文章的研究内容和主要发现。这种高度概括过于空泛，往往使得读者或者阅评人读后仍然一头雾水，不知道作者具体研究出来什么。比如，"通过分析这一事件的仪式性过程、中外媒体报道的议题框架和文本特点"，那么具体有什么议题框架和文本特点呢？再如，"探析媒介事件对中医药文化传播的作用和意义"，到底有什么作用和什么意义呢？"从中受到启发"，究竟是什么启发呢？所有的关键要点都语焉不详，这样的摘要恐怕是不太合格的。

第二篇摘要写作的问题是啰唆，不够简洁概括。其实本文最大的发现就是"媒体对性别议题的报道均存在着性别不敏感的问题，对女性被报道对象的性别凝视使得媒介对屠呦呦的外貌、衣着、家庭关系过度关注"，这一点在摘要中予以突出就足够了，不需要花费 400 多字的篇幅重复讲述同质性的内容，这会将核心信息淹没。

第三篇摘要看起来很高大上，充斥着很多专业术语，但仔细阅读后发现作者的摘要过分强调其研究方法的价值，即语义关联分析和 Gephi 软件的意义，基本上摘要的三句话是从三个侧面强调了研究方法上的突破与创新，但究竟用语义关联分析发现了屠呦呦学术网络舆情传播的什么特点，且这一特点是一般研究方法无法发现的，其实并没有论及。

最后一篇文章的摘要相对理想，符合前文所说的清晰简洁、提纲挈领、重点突出三个原则。第一句话交代了作者的研究对象、使用语料和主要方法，第二句话介绍了作者的主要研究发现，第三句话强调了这一分析的研究价值。三句话层层递进，全部摘要仅 144 字，信息价值密度高，值得初

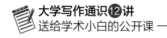
学者借鉴。

前文对学术性文章的标题、关键词和摘要的写作原则和主要方法进行了介绍。巴金先生曾说过，"只有写、才会写"，学术性写作其实没有捷径，要通过大量的练习逐步地提升能力。如果说真有捷径，那就是吕叔湘先生所说的"阅读的本领学会了，自己写文章就不难了"，在学术上有追求的年轻学子平时要注重阅读、注重积累，尤其要多读学术经典和本领域的核心期刊，通过比较、感受、模仿学术大家的写作范式，无论是画龙还是点睛都必将愈发娴熟。

想一想，说一说

1. 找几本你爱看的学术经典，品一品它们是如何起标题的。

2. 学术性文章的关键词，可以从哪些方面进行选择？

3. 说一说，学术写作摘要的撰写有哪些注意事项？

第 7 讲

神龙见首也见尾：

学术性写作如何开篇和结语

学术性写作哪个部分最难写？答案恐怕是开篇和结语。尤其对于自然科学类或者以量化研究为主的社科类文章而言，在真正下笔前研究往往已经做成，作者对研究设计和核心数据已经了然于心，研究中段（如数据分析与讨论部分）的撰写可谓是手到擒来、水到渠成。这时，最犯难的可能就是如何大气磅礴地开篇以及如何高屋建瓴地结尾。事实上，尽管篇幅可能只有全文的百分之十左右，但开篇和结语却很大程度上决定了文章的宽度与深度，影响着读者的阅读兴趣，也影响着文章投稿的命运。神龙见首也得见尾，开篇和结语是一篇学术文章最需要精心打磨的地方之一。下文笔者将结合所教写作课上同学的习作和一些经典学术作品，对学术性写作如何开篇和结语进行介绍和分析。

1. 开篇三要素：背景、问题、意义

学术写作不同于小说、诗歌的创作，开篇一般不需要制造悬念、也不需要搞朦胧美。**规范的学术写作开篇一般要开门见山地回答三个问题：第**

一，本研究在怎样的社会或学术背景下提出？第二，本研究旨在回答怎样的研究问题？ [①] 第三，本研究具有怎样的研究价值？

让我们来看三款不同学生撰写的开篇。

A 同学的选题是《浅析抗生素在养殖业中的滥用现象》，这是他的开篇：

近年来，中国养殖业发展迅猛，国家良好的政策和国内庞大的市场促进了养殖业的蓬勃发展。2018 年我国养殖业产值为 40828 亿元，占农业总产值的 35.94%；2018 年水产品和肉产品总产量为 15082.29 万吨。[②] 养殖业一直是中国农业结构的重要组成部分，无论畜禽饲养还是水产养殖，都是我国重要的民生工程和经济增长来源。为保障养殖业持续发展，生产健康安全的水、畜产品，了解我国养殖业中抗生素使用状况，研究抗生素的既有和潜在危害，限制抗生素的过度使用具有重要的现实意义和长远价值。

B 同学的选题是《中国古代瘟疫防治的探究》，这是他的开篇：

2020 年，我们经历了不平凡的一年。新年初始，新冠疫情暴发，全国上下举国抗疫；在全国人民的努力之下，新冠疫情在国内得到了很好的控制，这举世瞩目的成效不仅归功于现代发达的科学技术，还归功于共产党的正确指导。但是仔细一想，疫情不只是现当代才有的啊，古代也有；那面对这些传染性强、难以治疗的瘟疫，古代人是如何应对的呢？没有发达的科技，没有便捷的信息传送工具，古代人面对瘟疫只能任其宰割吗？

---

① 注：对于量化研究而言，具体的研究问题和研究假设一般是文献综述之后给出。但开篇依然要交代研究问题的总体方向。

② 韩庆远.中国养殖业的现状分析及对策研究 [J].农村经济与科技，2020, 31(11): 88-90.

这就需要我们去探究一下了。

C 同学的选题是《从法律视角分析"医闹"现象》，这是他的开篇：

现如今，全国各地因医疗事故等原因而导致的"医闹"事件层出不穷。面对日渐完善的法律，患者及其家属仍在大量地选择以原始且暴力的手段来"解决"医疗纠纷，这与中国正逐步建成的法治社会背道而驰，更是曾经动摇过笔者对于医学这条道路的信念。因此，笔者希望从法律视角分析"医闹"的成因和医疗纠纷难以通过法律途径解决的原因。

这三款开篇，哪位同学的写作最符合学术论文的要求呢？答案是 A 同学。在他的开篇中首先介绍了研究背景，即近年来我国养殖业蓬勃发展，已成为我国国民经济的重要组成部分。值得一提的是，此处他通过文献引用给我国养殖行业的发展以具体准确的数据，比笼统概括地说养殖产业多么重要、多么值得研究更具说服力。尽管学术论文的开头结尾都讲求凝练、字数精简，但如果涉及对现象的描述，用具体的数据或者实例要比空泛地谈更值得推荐。接下来，A 同学将研究问题和研究价值和盘托出，即研究问题是探索我国养殖产业使用抗生素的现状，提出限制使用抗生素的策略，研究价值在于安全的水、畜产品和可持续发展的养殖产业对于国民经济的发展和人民健康的保障都具有关键意义。总体而言，这一开篇中规中矩，比较规范。

如果提修改意见的话，A 同学的开篇还有可改善之处：第一，在研究背景也即现象阐述时可增加当前我国养殖产业使用抗生素的数据，尤其是能凸显抗生素的使用量逐年增加、滥用现象普遍的数据；第二，研究问题可以提得更明确一点、聚焦一点，将其与研究价值的表述分开。

B 同学的开篇反映的是学术性写作初学者的普遍问题。也许是看蹭热点的微信公众号文章看多了，很多初学者都会把不太相关的研究背景和研究问题生硬地捏在一起，开篇无法切中肯綮，也不能凸显出研究选题的价值。如 B 同学的开篇可以明显地分成两截：上半段讲的是新冠肺炎疫情，落脚点是中国的制度优势和党的领导，而下半段一下子切到了古代瘟疫，但作者想要研究的并不是古代抗疫制度与当代抗疫制度的不同，也不是去分析执政党的领导对于瘟疫防治的重要性，而是古人应对瘟疫的"土法"。换言之，B 同学的整篇文章除了开头提到新冠肺炎之外全篇与新冠肺炎疫情没有任何关系。这样的开篇毫无疑问是离题万里，是不合格的。

C 同学的开篇并没有扯得很远。看起来也似乎具备了研究背景（医闹层出不穷）、研究问题（从法律视角分析医闹的成因和医患纠纷难以解决的原因）和研究价值（促进我国法治社会建设）的三个基本要素。那么，C 同学开篇的问题出在哪里呢？问题出在研究意义的表述上。C 同学的开篇中有这样一句话，"这与中国正逐步建成的法治社会背道而驰，更是曾经动摇过笔者对于医学这条道路的信念"。作为教师，笔者确信这就是他选题的缘由，但是一个题目有没有研究价值并不取决于它是不是动摇过某人的学医信念，而在于它是不是能够促进解决社会的问题或者有助于理论探讨的深入。C 同学把自己的主观意愿过多地带入到了研究中，不符合学术写作对研究者的伦理要求。类似的问题还比如，一般建议研究者不要在学术写作中过多地使用"我""我们""你们"之类的表述，也是希望学术写作能够尽量严谨、科学、去主观色彩。

2. 结语三原则：首尾呼应、合理拔高、脚踏实地

开篇难，结尾更难。常常有初学者抱怨老师让他们最后写开头、结尾和摘要。结果，开头已经把能说的话都说完了，结尾只好换种说法硬着头

皮再写一遍，到了摘要，干脆把开头或者结尾复制粘贴过去——用这种方式去写作肯定是不行的。那么，结语应当如何写呢？它与摘要有什么区别呢？让我们再来看四款不同学生撰写的结语。

D 同学的选题是《社会疏离和心理压力：罕见病患者的又一折磨》，这是他的结语：

罕见病不仅仅是少部分人的"厄运"，而是整个社会群体所应该担心的事。目前，罕见病患者在经受病痛折磨的同时，还要接受其他人异样的眼光，其本质在于国家立法的缺失，造成了有关措施的空位。解决罕见病患者的生理与心理问题任重道远，需要每一个社会成员的努力。

E 同学的选题《明末清初鼠疫蔓延情况与李自成农民起义的关联探究》，这是她的结语：

瘟疫对于人类历史的推动作用过去一直被人们忽视，可以说，正是没有洞悉鼠疫在种种事件背后的推动作用，李自成产生了自满的错误心态并进一步影响了作战策略。顺利攻破京城是强劲的军事力量所致？幸免灾祸的清军是天意所向？所谓"成也萧何、败也萧何"的历史闭环的背后，或许是某种被人们忽视的历史的推动因素使然。而当我们在回看这样的历史事件时，若只"哀之而不鉴之"，或许就会让"后人复哀后人"了。把这种联系疫病与历史的观点延续到当下，当新冠肺炎流布全球时，疫情状况严重的美国在这样的背景下却仍然选择加高中美贸易的壁垒，不断对中国实施政策上的打压。如此这般政策背后的推动力是什么？或许瘟疫与人的关系仍然值得我们继续探讨。

F 同学的选题是《从法律视角分析"医闹"现象》，这是他的结语：

总体来说，我国现行的法律在面对医疗纠纷以及它所引发的"医闹"现象时还显得有些局限，甚至是有些"副作用"，面对各起千差万别的医疗纠纷案例，法律这件厚重而庞大的工具时常显得不够灵活。但尽管如此，我们依然不能否认它对于医疗纠纷处理中最基本的规范作用。十八届四中全会以来，法治建设的地位被不断抬高，已经接近成为与经济建设、党的建设等问题并列的顶级目标。因此，我们有理由相信，在不远的将来，针对医疗纠纷这一问题的立法与司法将会不断被改善，终会引导人们以理性而有效的方式解决纠纷，维护自己应有的权益。

G 同学的选题是《消费主义文化下女性时尚杂志的"广告陷阱"》，这是她的结语：

在消费主义的浪潮中，女性消费杂志一方面，杂志内容以"身体"为主题制造消费点，通过商品的符号化赋予其社会价值，怂恿女性读者通过消费完成"自我实现"；另一方面，杂志广告无限复制过去存在过的文化现象，与制造消费品的厂家合谋，反复炒冷饭，只为通过不断创造新潮流、新消费点的方式赚钱。商品的符号化使女性读者沉溺于情感消费，放弃现实生活中的情感寄托，滋长"夸示性消费"；而不断变化的潮流使女性丧失个性与自我，只顾追寻幸福的"符号"，陷入精神空虚，这便是时尚杂志的"广告陷阱"。希望笔者的分析能对广大女性读者产生一定的借鉴意义，在狂热的资本浪潮中保持清醒。

这四款结语中哪个同学的写作最符合学术论文的要求呢？应当说他们都各有特色、也有不足，但总体而言，G 同学的结语更值得认可。

先来看 D 同学。他的结语优点在于简短、精炼。但不足也很明显：第一，与正文的分析不呼应。D 同学的文章主要关注的是罕见病患者的心理状况，分析了心理疾病在罕见病患者中流行的现状及导致罕见病患者心理疾病被忽视的原因。在他的文章中并没有分析与罕见病相关的立法情况，也没有给改善这一状况提出建议。如果研究正文并不涉及这些内容，结尾就不能旁生枝节——**开篇提出什么研究问题，中间就应分析什么研究问题，结尾也就应总结回答这个研究问题，这是结尾写作的第一个原则：首尾呼应。**第二，逻辑混乱，习惯于套路式的口号语言。D 同学结语的后两句话乍看好像挺一针见血，但仔细琢磨会发现其逻辑是相互矛盾的，既然导致这一现象的"本质"原因在于立法缺失，那为什么需要"每一个社会成员"的努力呢？这典型地反映了高考作文思维在学术写作中的延续，结尾不搞搞动员、喊喊口号就不知道如何下笔。

被高考作文思维影响的还有 E 同学，E 同学的选题其实很有研究价值，研究问题很符合"小、清、新"的要求[①]，通篇文章的内容也反映了她扎实的文史哲功底，用大量的史料论证了明末疙瘩病（也即鼠疫）与李自成的农民起义军无关。但是，她的结尾写得颇为文艺范，似乎流露了作者对李自成军队最终失败的浓浓惋惜。更败笔之处在于结尾的最后几句，是典型的强行升华、强行拔高。也可能是高考作文过分强调结尾要主旋律、树立意、拿到得分点，很多初学者在写学术论文结尾时都习惯性地向时事政治靠拢，假大空地讴歌，哪怕与正文的研究问题毫不相关——新冠肺炎疫情的暴发，与明末鼠疫以及李自成军队有什么关系呢？**学术写作的结尾可以点题，可以凸显研究意义，但要合理拔高，这是第二原则。**

F 同学和 C 同学其实就是一个人。这是一名协和医院与清华大学共同培养的医学生，在砍医伤医事件频发的当下，他有坚定的救死扶伤学医志愿，这是很令人钦佩的。但是，正如前文所言，他将个人意愿和情绪观点

---

① 注：选题要求具体可参考文献：苏婧. 学术性写作如何确定选题 [J]. 新闻与写作，2021(5): 101-105.

较多地带入了学术写作中，干扰了学术写作的说服力。就结尾而言，他最大的问题就是结尾的落脚点和正文的分析"满拧"。在正文中，他的研究发现是悲观的，在他看来，现行法规对于医疗纠纷的处理虽有着规定，但其流程烦冗、涉及多个部门，难以在患者或其家属情绪激动之时提供一条解决纠纷的"明路"，加之诊疗活动中的损伤通常难以外化、量化，法律途径难以让损失方得到符合其心理预期的补偿，这决定了法律往往无法在解决医患纠纷中发挥兜底作用，"医闹"成为了患方表达利益诉求更便捷甚至更有效的手段。可是在结尾中，他却毫无铺垫地忽然乐观起来，坚定地认为，未来法律就可以解决医患纠纷问题——"我们有理由相信"，这理由究竟是什么呢？**做学术研究很重要的一点就是实事求是，无论研究出来的结果是积极乐观的还是消极悲观的，作者必须忠实于自己的研究发现，不能为了乐观正能量而忽视现实中的严峻问题。脚踏实地，这是结尾的第三原则。**

最后是 G 同学。她的结尾基本做到了：第一，清晰具体地回答自己的研究发现，即究竟什么是时尚杂志的广告陷阱；第二，合理地凸显理论价值，真实地反映现实情况，并没有肆意拔高、强行主旋律。不过，如果说挑毛病的话，最后一句恐怕是不应写的，它反映出作者对于学术写作读者定位的混淆。学术写作的读者是学术共同体而不是像微信公众号一样面向广大网民阅读。这篇文章即便可以发表，也不会启迪广大女性读者，事实上，如果这篇文章真登在了公众号上，甚至很可能得到的是女性网民的一片骂声：我们就喜欢追星，喜欢看明星代言的时尚广告，我愿意花钱，你管得着吗？——学术写作和时事评论的定位和功能是不同的。

那么，摘要与开头、结语的区别是什么呢？首先，学术写作的开头一般只需要交代研究问题，不需要亮明研究结论和主要观点，而结尾可以不再重复研究问题是什么，但一定要对研究的主要发现进行总结。摘要则既需要说明研究问题，也需要说明研究结论，此外还需要包括研究背景、研究价值、研究方法、涉及到的理论等元素。摘要相当于是"迷你版"的论文。其次，结语要力争对研究发现进行理论升华，至少也要将所做研究放置在相应学科的研究版图中，说明相关研究的理论贡献。而摘要受到字数的限制，其中的研究价值可以简单概括，不需要再赘述研究背景和整个研究过程。

3. 非套路式的开篇和结尾：讲故事的艺术

前面所讲的开篇三要素、结语三原则适用的是中规中矩的学术写作。然而，学术大家往往是不按套路出牌的，他们用讲故事的方式开篇或者收尾也能成就学术经典。

典型案例如从公共卫生和疾病史的视角书写近代中国历史的经典著作《再造病人》，杨念群先生就是以西医传教士胡美医生的故事为开篇。"他忘不了那一天，在长沙城墙上，眼望着湘江的滔滔江水在城下湍急而过，一位绅士曾经津津有味地告诉他，也就是在几十年前，传说中的'红发将军'就在这城墙下击退了自称为'上帝之子'的洪秀全率领的太平军。"[①]这一幕场景形象地展现了西医传教士在刚刚进入中国时的惴惴不安，同时也成为了绵亘百年的中医与西医拉锯战的起点。事实上，《再造病人》就是以一系列的故事串联起来的，从会用左手把脉的以医务传道的胡美医生，到游走于民间用巫术治病的吉祥姥姥与阴阳先生，再到爱国卫生运动

---

① 杨念群 . 再造病人：中西医冲突下的空间政治 (1832—1985)[M]. 北京：中国人民大学出版社，2013: 1.

中抓捕 5000 多只老鼠的捕鼠小能手刘俊英[1]，这些有关疾病与健康的故事与隐喻构成了一条重新认识中国百年近代历史的线索，呈现出了所谓中西医冲突下的中国政治变迁。杨念群先生用沉甸甸的学术著作证明了历史学家能够讲好历史故事，而故事恐怕也是该书"出圈"的原因之一。

再如李希光教授的《走在新旧中国之间——美国记者西蒙·托平及夫人奥黛丽·托平》[2]一文，这是《全球传媒学刊》"新中国成立 70 周年对外传播理论和实践研究"的专题文章之一。享年 98 岁的前《纽约时报》主编西蒙·托平（已故）及其夫人是新旧中国历史的见证者和记录者。托平是报道淮海战役的唯一外国记者，也是第一个报道解放军占领南京的外国记者，她的夫人则是"文革"期间唯一到中国进行采访报道的美国记者。本文的叙事主线是作者与西蒙·托平夫妇交往的六个片段，贯穿全文的是西蒙·托平夫妇珍贵又特殊的报道经历的回忆。借助他们的眼睛、嘴巴和笔杆，新中国的里程碑事件被真实地呈现给世界。文章的结尾是托平与清华大学新闻学院师生的对话故事，他对"准记者们"从事记者职业的寄语与他的人生经历完美契合。文章在"我相信他们的采访写作旅行还没有结束，希望他们的故事也没有结束"中意味深长地收尾。对于这篇洋洋洒洒的学术作品，《全球传媒学刊》的执行主编金兼斌教授以"堪称本刊'以无法为有法'的一次破例"为评价，"因这篇独特的文本本身所具有的研究和史料价值"而值得重磅推出。[3]

不难看出，学术大家的作品之所以可以非套路、讲故事，是在于他们厚重的学术积累。《再造病人》一书 500 余页，得益于杨念群先生多年在

---

[1] 夏祥瑜. 捕五千多只老鼠的小姑娘——全国甲等卫生模范刘俊英的故事 [N]. 人民日报，1952-12-15(3).

[2] 李希光. 走在新旧中国之间——美国记者西蒙·托平及夫人奥黛丽·托平 [J]. 全球传媒学刊，2019, 6(2): 4-25.

[3] 金兼斌. 编者前言 [J]. 全球传媒学刊，2019, 6(2): 1-3.

清史和近现代史上的长期耕耘，其中每一个故事都有据可查，或是传教士的日记，亦或是杨先生搜集的县志、乡志，亦或是报纸杂志的报道，亦或是当事人的回忆录，学术讲故事是来不得半点虚构和合理想象的。《走在新旧中国之间》也如是，该文由作者、原新华社高级记者李希光教授过去20年间在中国、美国、非洲等地追随托平夫妇所做的访谈笔记整理而成，可谓是二十年磨一剑。

讲故事的艺术之所以可以运用到学术写作中，是因为讲故事和写论文在某种意义上是相通的：都是为了调动读者的兴趣，也都是为了推出某种理念或者价值。**故事有情节，有冲突，有角色，令人印象深刻；学术写作也要起承转合，研究选题有意义，研究发现有惊喜，研究过程很艰辛，同样要达到令人印象深刻的目的。**恰如马尔克斯所说，"活着是为了讲述"。①学术创作当然也不能出生即宣告死亡，如何更打动人心、发挥价值，值得学术研究者去努力探索。

想一想，说一说

1. 你在学术写作时，对于撰写开篇和结尾有什么困惑？在你看来，如何能够写好开篇和结尾？

2. 你有没有印象深刻的讲故事的学术著作，如果有，跟朋辈交流交流。

---

① [哥伦比亚] 加西亚·马尔克斯. 活着为了讲述 [M]. 李静，译. 海口：南海出版公司，2016.

第 8 讲

学术写作中图与表的运用

如果说故事是小说的标配，照片是新闻的标配，那么图与表恐怕就是学术论文的标配。尤其是对于某些学科（比如流行病统计、全球公共卫生）而言，论文的主体几乎就是图表及其解释[①]，毕业设计如果没有几张过硬的数据表格，那恐怕是很难通过的。

学术论文中的图表一般发挥着如下的一些作用：集中展示研究的核心数据；提炼总结研究的主要发现；介绍研究方法、呈现计算过程；体现研究的真实性；彰显作者的研究能力；辅助、补充文字说明；帮助读者直观理解，等等。附有图表的学术作品就好像给毛坯房做了精装修，有一种"高级感"。然而，对于初学者而言不能为了"高级感"随意堆砌图表，要做到有的放矢，注意躲坑避雷。下文笔者将结合一些经典学术作品和本人所教写作课上同学们的习作，对学术性写作中如何有效运用图表进行介绍。

[①] 可参看笔者发表的疫苗接种相关文章：曹曼等 . 儿童家长疫苗相关事件报道后关注内容对其疫苗安全性认识的影响 [J]. 中国疫苗和免疫，2020, 26(6): 666-671.

1. 好图胜千言

学术性写作中运用的图片大体可分成三类：实物图、统计图、信息图 / 创意图。

实物图很好理解，它一般没有数据信息，通常是新闻图片、照片、截图、插图之类。比如，A 同学的作品是《传统纸媒衰落下时尚杂志的"虚假繁荣"》，她发现在纸媒一片萧条的背景下，时尚杂志却因为捆绑了粉丝经济而"逆境重生"。然而，尽管时尚杂志的销售数据分外漂亮，她却通过分析指出这不过是泡沫经济、虚假繁荣，是鲍德里亚所谓的"内爆"而已。在 A 同学的学术作品中大量使用了时尚杂志的封面图片以说明这些杂志与粉丝经济的捆绑，典型如易烊千玺登封的四种封面图（*Madame Figaro*，2021 年 3 月刊），杂志社居然发明了"一期正刊多种封面"的销售方式，最大程度地利用了狂热粉丝的收藏欲望（见图 8.1）。

图 8.1　*Madame Figaro*，2021 年 3 月刊，同一杂志内容，共 4 种不同封面

又如，B 同学的作品是《探究中国医院建筑风格演变及原因》，她分析了百年来中国医院建筑的风格转变——从近代的西式教堂式建筑风格到建国初期的民族现代混搭风格，到 20 世纪 90 年代的工业流水线风格，再到如今的后现代、人文主义、花园式风格，指出我国医院建筑风格变化的背后反映出国人对医院公共空间的想象和医院功能定位的变化，以及社会

政治和文化意识的转变。在 B 同学的作品中运用了大量的医院建筑外观照片。相较文字的表述（比如巴洛克风格、民族混搭风格等），这些照片能够更直观地反映出文章的主旨（参见图 8.2）。除此之外，田野调查或人物访谈的照片、研究中涉及的实物图片（比如笔者的博士论文是关于阿育吠陀医学和中医学的跨文化交流，文中就使用了许多阿育吠陀医疗场景和医疗器具的图片）、反映舆论现象的网络截图等也都可以使用。

图 8.2 左上安庆同仁医院（西式风格），右上北京广安门中医院（民族混搭风格），左下郑州大学第一附属医院、中下佛山第三人民医院（工业化风格），右下南京鼓楼医院（后现代人文主义风格）

学术论文中使用实物类图片需要注意以下两点：第一，清晰地标注来源。媒体类图片需要按照规范引用的格式标明来源出处；网络检索得来的图片需要给出具体的网页地址；自行拍摄的图片也需要说明拍摄的时间和地点等。第二，尽量使用较为清晰和分辨率较高的图片。

第二类是统计图，这类图片在学术写作中最为常见，典型例子如饼图、柱图、折线图、点状图、曲面图、雷达图等。如今很多办公应用软件都带有自动生成统计图表的功能，比如 Excel、Spss、PowerPoint 等，初学者比较容易上手，其应用场景也很广泛，如新闻研究中的内容分析法、传播研究中的问卷调查法等，都会高频地使用各种统计图。

上手制作统计图并不难，但在制作时要注意避免以下两个雷区：第一，错误用图。在 Excel 和 Word 中，统计图可以随意切换成用户自己喜欢的样式和颜色，这一功能很可能会给初学者带来认识上的误区，认为饼图、柱图等统计图样式可以互换，甚至有不少初学者纯粹是为了避免单调而将饼图、柱图、折线图等在文中穿插使用。这是很有问题的。比如说一道问卷题目采用的是多选题，那配合的图表就不能是饼图，而最好是柱状图，因为这种多选问卷各个选项的比例加起来并不是百分之百。再比如，百分比堆积条形图虽然可以有效展示不同项目中各类型所占比例的差异，但是却容易给人一种各项目总量相当的错觉，故也需要慎重使用。总之，统计图究竟使用哪种样式是取决于数据的统计方式，而不是作者的审美习惯。

第二，盲目堆积。在笔者所教的"报纸"主题写作课上，当教会大一学生使用报纸数据库以及内容分析法之后，学生们往往会很兴奋地自己动手实践，结果交上来的作品很多都是用各种统计图表堆砌起来的汇总。典型例子如 B 同学的作品——《〈讽刺与幽默〉生态环境漫画研究（2013—2020）》，不得不承认他在短短几周内做了大量的报纸检索、新闻阅读和统计，工作是十分辛苦和投入的，可是这并不意味着非得用臃肿繁杂的统计图表来证明观点。在 B 同学提交的论文初稿中，3000 字左右的篇幅里使用了 12 幅统计图，其中有 8 幅图是对每一年《讽刺与幽默》报纸生态环境漫画进行分类的饼图，图与图相当类似，且 2000 字的篇幅都是对图的说明和漫画举例，文章整体死板、枯燥、无趣。经过面批，B 同学意识到图表并不是越多越好，在终稿中用一幅图综合表现了 8 年间《讽刺与幽默》

生态环境漫画类型的变化（见图8.3），真可谓是一图胜千言。

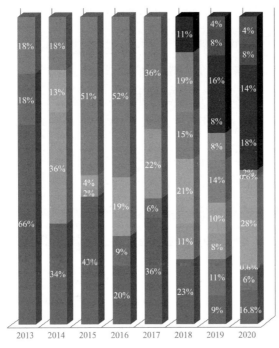

- 滥砍滥伐
- 全球气候变暖
- 水土流失及土地荒漠化
- 野生动物保护
- "三废"问题
- 水资源短缺
- 白色污染
- 倡导保护地球
- 宣传绿水青山
- 倡导垃圾分类

图8.3　2013—2020年《讽刺与幽默》生态环境漫画主题变化百分比堆积
　　　比例图（扫描二维码可见彩图）

　　第三类是创意图。这类图可以有数据，也可以没有数据，但其往往需要作者自行设计和创作，将文章想要表达的核心信息传递出来，并没有现成可套用的模板。典型例子如《枪炮、病菌与钢铁》一书中作者试图想要回答"究竟是什么导致了今天世界格局的差异，比如为什么是来自亚欧大陆的哥伦布发现了北美新大陆，而不是美洲的某个人通过现代航海技术发现了亚欧大陆？"对这个问题的回答，作者将其分成了初步原因和终极原因，其书名中涵盖的关键词"枪炮"（军事技术）、"钢铁"（工业实力）、"病菌"（公共卫生差异）是初步原因，而各个大陆所处的不同地理环境及其导致的农业生产和狩猎生产方式的差异是作者找到的终极原因。作者用一整本书几十万字的篇幅回答了这个问题，而最精妙的是在该书的第四章，作者用一幅自创的示意图绝佳地呈现了其主要观点和发现（见图 8.4）。这幅图没有数据和复杂的数学符号，而是以类似思维导图的形式，通过几个简单的线条和高度提炼的文字十分清晰地呈现了作者的研究思路和推理逻辑，堪称学术作品创意绘图的典范。

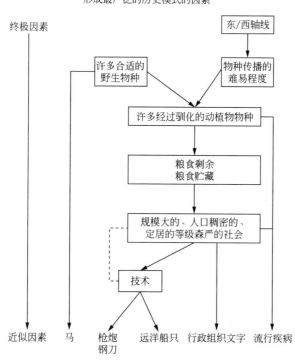

图 8.4 《枪炮、病菌与钢铁》中作者自创的原因解释图 ①

又如，现任香港大学副校长、前任清华大学理学院院长宫鹏教授领衔的《柳叶刀》气候变化倒计时特刊，集结了包括笔者在内的近 80 位不同

① [美] 贾雷德·戴蒙德 . 枪炮、病菌与钢铁：人类社会的命运 [M]. 上海：上海译文出版社，2000: 68.

学科的研究者文章，综合分析了气候变化对我国公共健康的影响。之所以命名为 countdown（倒计时）就是因为该刊综合运用了 5 大组近 30 个指标，说明气候变化对我国公众健康的影响已经迫在眉睫，而媒体和公众却并未对这一议题形成共识性意见和科学认知。在特刊的最后，课题组应用了一幅自创的图表（见图 8.5）总结主旨，该图直观地说明了气候变化的各项指标对公众健康影响的强烈程度（红色越深代表影响越重）以及我国采取措施的情况（蓝色越深，代表应对的举措越有效）。[①]

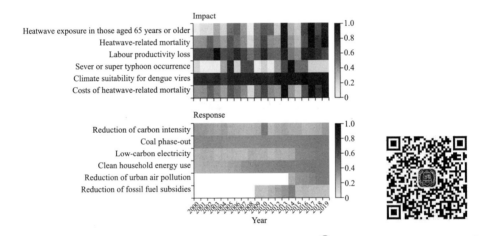

图 8.5 《柳叶刀》气候变化与健康中国报告用图 [②]（扫描二维码可见彩图）

运用信息图或者创意图需要注意的是：第一，学术用图要尽量化繁为简，不宜花哨，艺术性是次要的，科学性是第一位。第二，可借助饼图、

---

① 原图注解：For each indicator, an index is created, ranging from 0 to 1, with the colour in each block representing its score. Darker colours indicate a more concerning effect, and a more ambitious response. For example, index score 1 represents the worst case in the past 20 years for impact factors and the best possible case for response factors.

② Cai Wenjia, Zhang Chi, Suen Hoi Ping, Ai Siqi, Bai Yuqi, Bao Junzhe, Chen Bin, Cheng Liangliang, Cui Xueqin, Dai Hancheng, Di Qian, Dong Wenxuan, Dou Deijing, Fan Weicheng, Fan Xing, Gao Tong, Geng Yang, Guan Dabo, Gong Peng. The 2020 China report of the Lancet Countdown on health and climate change[J]. The Lancet Public Health, 2020 (prepublish).

柱图、折线图、地图等已有图样设计，进行组合、叠加或者增补，使得图表制作更为简便。比如 C 同学的作品是《明末清初鼠疫蔓延情况与李自成农民起义的关联探究》，经过面批，她在修改稿中添加了一幅自制图，其实就是在地图中用红色线条表示出崇祯年间鼠疫扩散的路径，可以清楚地看出这一路径与李自成起义的地点以及起义军起初活动的地方无关，进而可以更直观地判断出尽管饥荒和鼠疫可能也是起义的触发因素，但明末京城的鼠疫并非由起义军带来，反而是没有接触过鼠疫的起义军在占领京城后军队中开始流行疾病，这也为李自成农民政权迅速被清军打败埋下了伏笔。

2. 一表纳万语

表格并没有什么分类，一份表格不外乎是行、列及其形成的单元格的组成。其中，一些单元格的内容可以称为是表头，起到说明的作用，一般会被标粗或加黑；更多的单元格则是呈现具体想要说明或者展示的事项，可以填入文字、数字、符号等各种元素。

如果说学术写作中图片使用的要义是"有图有真相"，不用万语千言的表述，用图片自然能够说明一切的话，那么，学术写作中表格使用的重点就是要将纷繁芜杂的信息都容纳到一份表格中，使之一览无余。从某种意义上讲，学术表格中涵盖的信息越丰富，表格制作得也就越出色。

典型例子如世界卫生组织传统医学战略报告（traditional medicine strategy）中有关传统医学疗法和治疗技术现状的表格（见表 8.1）。其中，横向的表头是常见的各类传统医学，如中医、阿育吠陀医学、伊斯兰尤纳尼医学、自然疗法、顺势疗法等；纵向的表头则是传统医学可能拥有的疗法或者技术，如草药、针灸／按压、精神疗法等。在表格的主体部分，读者可以通过不同图标的标记和补充说明对全世界通行的各类传统医学的现状进行综合性的总览，也可以通过比较来检视几大类传统医学之间的差异。比如，很显然中医拥有的疗法和技艺最全，尤其是针灸疗法，它是中医区别于其他传统医学类型的典型特色。

表 8.1　传统医学疗法和治疗技术 ①

	Commonly used TM/CAM therapies and therapeutic techniques							
	Chinese medicine	Ayurveda	Unani	Naturopathy	Osteopthy	Homeopathy	Chiropractic	Others
Herbal medicines	●	●	●	●	■	●		● a
Acupuncture/ acupressure	●							■ b
Manual therapies	Tuina c	●	●	▣	●		●	Shiatsu d
Spiritual therapies	●	●	●	●				Hypnosis, healing, meditation
Exercises	Qigong e	Yoga		Relaxation				

● - commonly uses this therapy/therapeutic technique

■ - sometimes uses this therapy/therapeutic technique

▣ - uses therapeutic touch

a　for example, many informal TM systems in Africa and Latin America use herbal medicines.

b　for example, in Thailand, some commonly used TM therapies incorporate acupuncture and acupressure.

c　type of manual therapy used in traditional Chinese medicine.

d　refers to manual therapy of Japanese origin in which pressure is applied with thumbs, palms, etc., to certain points of the body.

e　component of traditional Chinese medicine that combines movement, meditation and regulation of breathing to enhance the flow of vital energy (qi) in the body to improve circulation and enhance immune function.

　　在学术研究中使用表格的场景很广泛，表格理论上可以出现在研究的开篇、中段、结尾的各种位置。开篇中使用表格一般用于界定研究对象、

---

① Word Health Organization. WHO Traditional Medicine Strategy 2002–2005 [R]. Geneva: World Health Organization, 2002.

说明研究方法、展现研究设计等。比如，笔者的博士论文是《中医与南亚传统医学的跨文化传播研究》，其中"中医"的概念比较容易理解，但是"南亚传统医学"却是一个较为模糊的集合概念，为了更好地界定研究对象的范畴，笔者在引言部分通过一张表格说明了南亚传统医学当前的主要实践情况（见表 8.2）。而表格中所有提到的南亚本土的传统医学都被纳入了笔者博士论文研究的范畴。

表 8.2　南亚传统医学一览

传统医学	实践时间	实践地区	是否南亚本土[①]
阿育吠陀	从古至今	印度、斯里兰卡、尼泊尔等	是
尤纳尼	从古至今	印度、巴基斯坦[②]、孟加拉国等	否
悉达医学	从古至今	印度南部	是
瑜伽	从古至今	印度	是
索瓦日巴	从古至今	印度北部、尼泊尔、不丹等	（有争议）
自然疗法	近代至今	印度、斯里兰卡等	否
顺势疗法	近代至今	印度、巴基斯坦等	否

　　文章中段使用表格最为常见，通过表格展示研究的过程性发现。对于量化研究而言，学术文章的主体几乎就是各类表格。以问卷调查为研究方法的文章为例，通常文章的结构是"引言—文献综述—问题和假设—方法和设计—主要研究发现—讨论和结论"。表格一般排布在其主要研究发现部分，通常首先会有一份对样本的描述性分析表格，然后每一组研究问题及其假设都配有一幅经过统计学校验的表格，典型例子如下文有关医生媒介素养的研究表格（表 8.3）所示。

---

① 此研究所称的"本土"是狭义上的本土，即学术界较为公认的南亚文明文化实践的产物，诞生于其他地区并传入南亚的为非本土。

② 巴基斯坦的尤纳尼医学被称为 Tibb，是一种本土化的伊斯兰医学，与尤纳尼医学存在一定程度的差异。

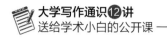

表 8.3　采用问卷研究法的典型表格举例 ①

Table 2. Internet access in medical professionals (*n*=1001, *Mean* ± *SD*)

Information	Traditional media	New media	Opinion leader in new media	t_1	P_1	t_2	P_2	t_3	P_3
Public info	2.78 ± 1.29	4.26 ± 0.87		−30.06	<0.001				
General medical info	3.57 ± 1.11	4.05 ± 0.88	3.71 ± 1.04	−11.51	<0.001	−3.34	0.001	9.67	<0.001
Specialty info	3.51 ± 1.09^a	4.00 ± 0.80	3.73 ± 0.95	−11.80	<0.001	−5.42	<0.001	9.53	<0.001

Note: t_1: commparation between traditional media and new media; t_2: comparatical between traditional media and opinion leader in new media; t_3: comparation between new media and opinion leader in new media; a: from professional jourmals.

　　质化研究虽然不像量化研究那样依赖统计表格，但写作时也可以通过制作表格来凸显、高亮一些阶段性的研究发现。比如，《枪炮、病菌与钢铁》中非常重要的发现就是指出了牲畜不仅是农业生产方式的主力军（比如用牛耕地）和农副产品的来源（比如牛奶、马鬃），为农业生产提高了生产力的同时也为人类带来了单位热量更高的食物；而且，容易被忽略的是牲畜也给人类带来了致命礼物——也就是各种流行疾病（见表 8.4）。恰恰是因为这一礼物，采用农业生产方式的亚欧大陆在几千年与病菌的斗争中积累了人群的高免疫力，而当他们通过航海技术把这些病菌带到新大陆时，采用狩猎生产方式的美洲土著由于没有接触过这些疾病，也没有抗体和免疫力，所以瞬间被流行病击倒，人口骤减。通过表格化的梳理，读者能够意识到旧大陆常见的疾病都来源于司空见惯的牲畜，进而会更加信服作者对新旧大陆碰撞交往历史的解释。此处多说一句，《枪炮、病菌与钢铁》的作者是一位生物学家、鸟类研究者和地理研究者，得益于其理工

---

① Zhou H, Zhang J, Su J. Internet access, usage and trust among medical professionals in China: A web-based survey[J]. International Journal of Nursing Sciences, 2020, 7, S38-S45.

科的身份背景，即便是对人类发展历史的书写，他也非常善于使用各类图表，该书非常值得一读。

表 8.4　《枪炮、病菌与钢铁》中有关病菌的表格 [1]

人类疾病	携带亲缘关系最为接近的抗原体的动物
麻疹	牛（牛瘟）
肺结核	牛
天花	牛（牛痘）或携带亲缘痘病毒的其他牲畜
流行性感冒	猪和鸭
百日咳	猪、狗
恶性疟疾	禽鸟（鸡和鸭？）

在文章结尾处使用的表格，通常的作用就是将研究结论进行凝练和总结，有可能的话再进行一定程度上的理论深化。同样，这一作用对量化研究和质化研究类的文章都适用。典型如笔者发表的《寻找一个完整而非碎片化的哈贝马斯——谈“公共领域”思想及其发展》一文。该文章分析了公共领域在哈贝马斯思想体系中的地位，并结合信息社会的发展趋势探讨其在公共领域是否依然适用。在结尾处，文章试图通过对比传统批判与信息批判，说明在后现代主义学者处，公共领域、主体间性都是过去式，“当信息化资本主义全面来袭，信息取代商品变成主导的经济元素，主体 - 客体之间的二元分立塌陷了，公共领域也无所依托。” [2] 此处的表格运用既清晰地展示了作者推理的过程和文章的结论，也体现了文章的理论深度，对主旨亦有所升华，如表 8.5 所示。

---

① 贾雷德·戴蒙德. 枪炮、病菌与钢铁：人类社会的命运 [M]. 上海：上海译文出版社，2000: 214.

② 苏婧. 寻找一个完整而非碎片化的哈贝马斯——谈“公共领域”思想及其发展 [J]. 新闻界，2018(5): 67-76.

表 8.5　《寻找一个完整而非碎片化的哈贝马斯》一文使用的表格

	适用情境	资本要素	批判内容
传统批判	制造业资本主义	商品：使用价值／交换价值	技术理性导致人－人关系降格为主－客关系，第一代哈贝马斯学派对此予以批判，哈贝马斯提出交往理性重建，恢复主－主关系／主体间性
信息批判	信息化资本主义	信息：符号价值，只在当下	拉什认为科技的发展已经使主－客混为一体，主体间性崩塌，客体具有自主性和反身性，风险成为必然

不管是在学术文章的开篇、中段还是结尾，使用表格需要注意的是：第一，表格的内容应当是原创。在笔者所教的写作课上经常遇到学生把其他人学术论文中的表格粘贴过来直接使用的现象。学生觉得添加表格能使文章有"高级感"，但原封不动地照搬他人的表格对学术创作而言没有什么意义和价值，笔者是不推荐的。即便是作者准确标注了文献出处亦如此。当然，这并不意味着表格中所有的内容都必须是作者撰写或取得的，事实上很多量化研究中的表格数据都是来源于国家或地方统计局、行业报告、已有数据库等，这时作者的"原创"就体现在对这些数据汇总分析的逻辑、方法和结果上，在这种情况下只要详细说明数据来源，用它们来制作表格仍然是值得推荐的。

第二，数据统计计算时要注意统计口径的一致性。在质化研究中，表格中的内容以文字、符号居多，一般不牵扯到数据统计计算，但在量化研究中则往往需要对数据进行计算和展示。如果表格中的所有数据都来自同一份问卷或者同一次实验，则按照统计方法执行即可；如果表格中的数据有些来自研究者的问卷，有些来自行业报告等其他途径，则此时需要特别注意数据之间不能简单叠加。比如，D 同学的研究是关于青年人群的朋克养生现状，她在腾讯健康上看到一份报告，称大学生人群中有 20% 左右的人有过朋克养生经历，又在搜狐频道上看到另一份报告，称初入职场的人群中也有 20% 左右的人有过朋克养生的经历，于是她列了一份表格，得出的结论是我国 18~25 岁人群中 20% 的人有过朋克养生的经历，这种结论是有很大问题的。因为两份报告的研究取样不同，统计口径也不一致，是无法叠加计算的。

图与表是学术文章的常客，就好像是烹饪的调味料一样，增添了图表的学术文章常常会看起来色香味更佳。然而，作为调味料的图与表一是不能喧宾夺主，不能破坏学术佳肴原本的味道；二是增之一分嫌肥、减之一分嫌瘦，这种调味料的添加应是恰到好处的，绝不是加得越多、种类越繁越好。**图表的作用是将研究的结论尽量可视化，但终归，研究结论自身是要过硬的**。

想一想，说一说

1. 学术论文中的图表，一般发挥怎样的作用？

2. 你在文章中使用过哪些类型的图？这些图是如何制作的？说一说，它们在你的文章中是否是有必要且有说服力的？

3. 你在文章中使用过怎样的表格？表格以数据为主吗？这些数据来源于哪里？读完本讲后，你觉得可以改进吗？

第 9 讲

学术写作中棱镜的运用

　　年轻学者常常遇到的一种情况是，明明自己的选题很有问题意识，文献工作也做得比较扎实，方法、结构、语言也都挑不出大毛病，但将文稿投出去后却总是被拒之门外——这些文稿被拒绝的理由通常是学术性不足，或者是理论深度不够。如果这种情况频繁发生，那么恭喜这位年轻学者，他／她已经进入到了学术性写作的新阶段，选题、文献、结构等基础关可能已经度过，如何"写作"已不再是最突出的问题，更棘手要攻克的难题已成为了如何增强学术性写作的"学术性"。

　　增强学术性写作的学术性并不是一蹴而就的，往往需要更长期且艰苦的理论学习和经典研读，但其在方法上是有路径的，即将学术棱镜（lens）应用于学术写作之中，透过棱镜来拓深思辨的程度，并对所研究的问题进行更有学术性的探讨。本文将结合笔者自身的教学经历，谈谈学术写作中棱镜的运用。

1. 什么是学术棱镜

年轻学者可能对棱镜（lens）的概念很陌生，但在哈佛大学、普林斯顿大学等海外一流高校的写作课堂中，棱镜却是一个高频出现的概念，在这些海外高校开设的系列写作课程中，必然包含一堂或几堂关于应用学术棱镜的讲座。换言之，海外高校将学术棱镜视为通往学术写作的必经之路。[①]

所谓棱镜，本是一种分光、聚光或者使光发生色散的物理工具，其在光学仪器、医疗仪器中都被广泛应用。借助棱镜，人们可以通过多个角度将事物看得更清晰、更深刻或者更为多样。学术棱镜正是借用了这一寓意，指的是借助某种理论工具，使研究能够对社会现象或者被研究的问题进行更深刻的剖析和更本质的论证。在我国学术圈，最热衷推介学术棱镜这一工具的是南京大学出版社，自千禧年以来，其陆续推出了"当代学术棱镜译丛"系列图书，目前已经形成了"当代文学理论系列""国外马克思主义与后马克思思潮系列""社会学系列"等24个系列，青年学者熟悉的如让·鲍德里亚的《消费社会》、居伊·德波的《景观社会》、乌尔里希·贝克的《风险社会》都是其中的经典书籍。换言之，消费社会、景观社会、风险社会等其实就是可以应用的学术棱镜。

在我所讲授的写作课中，学术写作的主题分别是"健康"与"报纸"。在课程讲授的后半程，我会专门安排一堂经典研读课，在健康主题写作班，我安排学生研读的是苏珊·桑塔格的《疾病的隐喻》，而在报纸主题写作班，我安排学生研读的是哈贝马斯的《公共领域的结构性转型》。研读之后，

[①] 注：读者可参考普林斯顿大学写作项目官方网站以及哈佛大学写作项目官方网站。
普林斯顿大学：https://writing.princeton.edu/undergraduates/writing-seminars
哈佛大学：https://writingprogram.fas.harvard.edu/expos-20

我会带领同学们思考，当应用"疾病的隐喻"和"公共领域"等理论概念，也就是应用这些学术棱镜之后，他们看待健康领域或者媒体领域的现象可以有哪些更为深入的发现。

譬如，如果没有"疾病的隐喻"这一棱镜，同学们只是能隐约地意识到不同的疾病有着不同的社会意涵——他们会不由自主地远离、孤立甚至歧视艾滋病人，也会对精神疾病患者产生种种联想，但却不会对感冒的患者产生什么特别的芥蒂。但究竟为什么某些疾病比另外一些疾病附着了更多的社会意义呢？同学们说得七嘴八舌，却都无法给出清晰且系统性的论述。

但当应用"疾病的隐喻"这一棱镜之后，首先，同学们发现可以用"疾病的隐喻"高度概括地指涉疾病附着更多社会意义的这一现象，并能够迅速找到有共通问题意识的学术共同体。其次，他们可以通过"隐喻是从源域到目标域的一个映射"的定义，将某个特定疾病（比如艾滋病）的隐喻的分析结构化，试图拎出比如在艾滋病的隐喻中，什么是源域、什么是目标域、其又是如何映射的等问题。此外，他们还可以应用苏珊·桑塔格在书中提到的经典论述，来分析某个新出现疾病（如新冠肺炎）的隐喻特点，如桑塔格指出，人们对某个疾病产生隐喻，其动因往往是畏惧死亡，而正是由于新发传染性疾病的不确定性强且在暴发初期没有有效的药物或疫苗，所以其就成为了隐喻的重灾区；再如人们往往倾向于相信疾病来自他处、塑造自己是受害者的道德优势形象，政客也可以借此转移人们对其疾病防控应对不力的指控，因此以特朗普为代表的美国政客就是在疫情最严峻的时候将病毒溯源问题政治化，并且把脏水泼在中国人民身上。

由此可见，**学术棱镜于写作而言是一个有力的抓手，其能够深化研究选题的意义，也能够加强文章与学术共同体的对话，还能够拓展思维的深度，对研究现象做出更一针见血的分析。**

2. 如何应用学术棱镜

那么，如何将学术棱镜应用到学术写作中呢？我推荐三种可应用的方式。

第一种，将学术棱镜应用于学术文章的局部，尤其是文章分析的重点和亮点部分，以加强相关论述的学理深度。对于量化研究而言，往往就是将学术棱镜应用于数据分析讨论的部分，相较于数据结果的呈现，数据分析讨论应当在结构和思维上进一步深化学术研究的主要发现。对于质化研究而言，尤其是采用现象－内涵－本质的分析结构的话，学术棱镜理应被安排在本质讨论部分，使得文章的研究发现能够超越表面现象和普遍认知水平，给人以更深刻的启发。

比如，A同学关注的是时尚杂志的虚假繁荣，她发现，尽管时尚杂志逆纸媒萧条之势，有非常漂亮的销售数据，但这些都是因为捆绑了粉丝经济所致，换言之，读者购买的，其实并不是杂志的内容，而只是杂志的数据——谁家"爱豆"当封面，谁家"粉丝"就要竭尽所能地购买，以帮助自己的"爱豆"保持流量数据，从而解锁更多杂志社或者经纪公司所提供的演出机会。在初稿中，A同学将之归纳为"虚假繁荣"，应当说，她已经作出了对这一现象而言很好的内涵阐释，是一篇基础很好的文章，但在学理深度上却似乎还差一点意思。在指导她修改的过程中，我帮助她发掘了一个有意思的细节，在"粉丝"购买杂志的过程中，很多时尚杂志其实根本就不会发货，而只是将购买计入销量数据。这意味着，这些杂志很可能自始至终根本都没有被生产出来，在"粉丝""爱豆"与杂志商的共谋下，购买杂志的过程最终被转化为了一种虚拟的数字游戏。

因此，我启发她阅读鲍德里亚在《仿真与拟像》一文中"内爆"的相关理论，并将之作为棱镜，进一步地透视这一现象，将文章的讨论升华。最终，这个细节在内爆理论的棱镜下，成为了她论证时尚杂志虚假繁荣的最有力依据——"当粉丝和杂志商更加看重的是销量数字本身的符号意义时，时尚杂志作为纸媒的真实意义就已被消解掉了，各种杂志销量的虚拟符号组成了超真实的世界，其取代了杂志的真实存在价值，最终将导致杂志行业存在的虚空"。

同理，还有同学将英国哲学家边沁提出的"圆形监狱"的理论作为棱镜，用于对外卖骑手作为数字劳工的分析，指出平台通过算法对外卖骑手进行的无形监视以及制造的全方位压力；也有同学将雪莉·特克尔"群体性孤独"的理论作为棱镜用于对青年人自己给自己贴上社恐、抑郁、强迫症等精神疾病标签的现象之分析，指出这一现象背后体现的是青年人在网络社交媒体时代无法排解的孤独。通过学术棱镜的加持，这些同学的文章实现了对社会现象鞭辟入里的分析，论证层层深入，令读者的获得感更强。

第二种，将学术棱镜整体应用于学术文章，学术棱镜相当于成为了学术文章论述的逻辑主线和理论框架（theoretical framework）。这种应用方式，尤其适用于学位论文，其能够将相对比较庞杂且大部头的写作，有机地组织在一起，并且具有学理深度。

比如，笔者的博士论文探讨的是中医与南亚阿育吠陀医学之间的跨文化传播现象，尤其在古代，中医与阿育吠陀医学之间相互影响、彼此渗透，比如中医眼科疗法中知名的"金针拨内障"技术①最早就来自阿育吠陀医学中的金篦术，这一技术在南亚渐渐失传，反而是在汉地发展壮大、不断改进。笔者从史料中爬梳到很多中医与阿育吠陀医学交流的例子，但是笔者的文章不能是一个一个地讲故事，如何将这些碎片化的例子串联在一起，就成为笔者所面临最突出的写作问题。除了按照时间的顺序之外，笔者应当找到更具有学理性的理论工具，不仅串联起这些具体的例子，同时

---

① 注：毛主席晚年就是接受了唐由之医生的金针拨内障手术治疗白内障，唐医生还出访印度，把这项印度失传的技术又送了回去。

还需要能分析出中医与阿育吠陀医学跨文化交流的特点。

有鉴于此，笔者的博士论文使用了健康传播领域经典的"知-信-行"模型，将之作为学术棱镜并以其来组织史料，从而将古代中医与阿育吠陀医学跨文化交流的案例分成了知（知道异质文化医学的理论知识）、信（信赖异质文化医学的药方、技艺）和行（将异质文化医学的知识、药方、技艺等融入自身理论体系）三类（见表9.1）。这个"知-信-行"模型不仅将古代的史料有机组合起来，同时也成为笔者对比古代与今天中医和阿育吠陀医学跨文化交流的抓手，帮助笔者发现在今天西方现代医学及其意识形态的介入下，传统医学跨文化交流的行的效果再也难以产生。

表 9.1 传统医学跨文化传播的效果：应用知-信-行棱镜[①]

效果类型	特点描述	主要史例
知	阿育吠陀医学的内容为中国所认知，以及中医的内容被反向地为古印度文明所知晓	《佛说捺女耆域因缘经》等医方明的译介；《南海寄归内法传》等佛教僧人游历的记载；商旅、联姻、军事等其他活动带去的信息
信	不仅知道有另一种传统医学的实践，而且相信追捧之	我国古代帝王对于阿育吠陀长生方的偏好；阿育吠陀眼科技术金篦术在我国的流行
行	不仅知道、认同另一种文化的传统医学实践，而且将之融入自身的知识系统与行为实践中，久而久之甚至将其吸收成为了自己的"传统"	《大医精诚》中对婆罗门-佛教思想的汲取；中医针灸大力发展金针拨内障法；我国引进杨柳洁齿，并渐渐将其发展为刷牙的传统；阿育吠陀医学吸收了中医的脉诊和矿物药传统；藏医等民族医学在跨文化传播中发展

将学术棱镜应用于文章的总体，其实就是通过这一棱镜，将主要发现与核心概念理论化、结构化，使得文章的主体脉络更为清晰，也更具有学术价值。再比如，B 同学想要探讨的是农村妇女广场舞为何盛行，在没有

---

① 苏婧. 中医与南亚传统医学的跨文化传播研究 [D]. 北京：清华大学，2019.

应用学术棱镜之前，她可以想到的原因主要是农村妇女就业率低、农村精神文化活动欠缺等，这些原因东一块、西一块，内容零散且不易深入。当笔者推荐她将詹姆斯·凯瑞的"传播的仪式观"作为学术棱镜使用后，她就可以将田野调查的素材有逻辑地组织在一起，从传播仪式的仪式化、凝聚性、共享性三个维度展开分析，提出乡村广场舞不仅具有仪式化的表征，还能够体现仪式的隐喻，促进个体的"我"形成群体的"我们"，并在仪式中共享逐渐趋同的世界观和价值观，最终"农村妇女在这一仪式中实现了从自卑到自信的转化，使得农村女性文化发生了从'丧文化'向'乐文化'的转变，广场舞对于建构一个有秩序、有温度、有情怀的，能够用来容纳人类行为的意义世界产生了积极影响"。

最后一种，是对学术棱镜的解构与再应用，即通过文章的研究，发现经典的学术棱镜解释力的盲区或者问题，从而建立一种全新的对学术棱镜的理解。这种应用方式是最难的，但如果论证精彩，其学术研究价值却是最突出的。

比如，C 同学原本是想应用"疾病的隐喻"的学术棱镜，来透视中西方文学作品中对心脏病隐喻的差异。他发现，桑塔格在《疾病的隐喻》一书中认为心脏病的隐喻功能很弱："心脏病意味着身体机能的衰弱、紊乱和丧失；它不会让人感到不好意思，它与当初围绕结核病患者并至今仍围绕癌症患者的那种禁忌无关。"[①] 但是与之形成鲜明对比的是，中国文学作品和传统文化中的心脏病却富含隐喻，如《庄子·天运》中提到"西子病心而矉其里"，西施之美和她的心痛病相得益彰，粗俗丑陋的东施模仿西施的心痛，反而使得人们避之不及，似乎心脏病是专属于优雅的女士的疾病。再如《黄帝内经》的《灵枢·邪客篇》中也提到："心者，五脏六腑之大

---

① 桑塔格．疾病的隐喻 [M]．程巍，译．上海：上海译文出版社，2003：9．

主也，精神之所舍也"，将心脏比作君主一般的存在。于是，在写作中他发现了这一学术棱镜解释的空白区——桑塔格更多是基于西方医学的发展对西方文学作品和西方社会中存在的隐喻现象进行批判的，而对于西方之外的世界是缺乏洞察的。

有鉴于此，我在指导他对初稿进行修改的过程中，着重突出了对"疾病的隐喻"的再认识，并以之取代"中西方隐喻的对比"成为文章的核心内容。在终稿中他指出，桑塔格的隐喻理论是建立在西方现代医学的基础上的，"因为只有以某种确定的医学理论为依据，才能区分出什么是疾病的本质，什么是人们添加到疾病之上的隐喻"。如同米歇尔·福柯所揭示的，现代的临床医学之所以形成，正是因为它改造和限制了医学的话语，用目视的观察代替了哲理的描述，通过实际的检测和观察来感知疾病[①]，还原论、实证主义的研究方式解构了疾病背后的心理特质和道德意味，把它们排除出了医学的范畴，进而使它们成为一种隐喻。然而与西医不同的是，中医是从自然生态、社会生态、人本身心理状态三个方面来研究疾病的本源，其认为"但有诸中必形诸外"，并从各种表象征候来推断疾病的本质，甚至认为疾病的本质可能是道德的丧失，失去德行就会导致失衡和疾病。换言之，隐喻本就是中医的思维方式，在中医的理论体系中天然蕴含了隐喻化的表达。从这个角度 C 同学总结道，疾病的隐喻并不完全如桑塔格所说，仅仅是"围绕疾病所编造的种种惩罚性和感伤性的幻象"[②]，更广义地来看，隐喻也反映的是人们理解和解读疾病的方式，具有文化意涵的表达是不可剔除的。"完全反对隐喻的思考方式，反而也是一种对疾病的片面化理解，其并不一定就更接近疾病的本质。"不难看出，通过对"疾病的隐喻"这一学术棱镜生产语境的再分析，C 同学建立了对之更全面且更具

① 福柯.临床医学的诞生 [M].刘北成，译.南京：译林出版社，2011：1-12.
② 桑塔格.疾病的隐喻 [M].程巍，译.上海：上海译文出版社，2003：1.

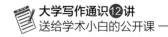

批判性的认识，文章的学术价值也在这一解构和再建立的过程中得以彰显和提升。

综上可见，学术棱镜是提升学术写作理论深度的有力工具。不过，仅仅具有应用学术棱镜的意识还是远远不够的，**更重要的是在学术写作中要能够找到与自己文章适配的那一款学术棱镜**。年轻学者如果要问找到学术棱镜的方法，那么答案可能是"没有捷径"。使用学术棱镜必然要靠平时研读所得的积累，且不仅要看本学科专业的经典书籍，也要拓宽视野，看一些交叉学科的经典理论。更重要的提示是，应用学术棱镜一定要读透原文、吃透理论，有些初学者往往是囫囵吞枣，大概知道有某个理论，就简单粗暴地行"拿来主义"，这种方式往往会导致学术理论和现象分析成为两张皮，学术棱镜只是点缀，完全无法发挥效力，更不用说解构和批判性地发展了。

想一想，说一说

1. 你理解，什么是学术棱镜？应用学术棱镜有什么意义和注意事项？

2. 在你过往的写作中，是否应用过学术棱镜？如果是，是怎样的学术棱镜？请你评估一下自己的使用，是否起到了预期的效果？为什么？

第 10 讲

量表：

学术写作的有效评价工具

写作不同于做数学、答物理，评价写作是一大难题。初学者往往会经历这样一个阶段，写出来的文章都长得很像，但是稿投出去，有的中、有的却杳无音信，于是就陷入了一种怀疑论甚至是迷信论——中了就是运气好，不中就得求神拜佛，这种心态对初学者来说是不利于成长的。那么，初学者应如何掌握科学有效的评价方式，并以此推动自身写作能力的提高呢？本文将结合作者自身的教学与实践经历，谈谈学术性写作中评价量表的运用。

1. 什么是评价量表

评价量表（rubrics）是教育教学中的一种工具，在美国高等教育实践中的应用非常普遍，但在我国还未引起教育界和学术界的广泛关注。[①]评价量表的要义在于用尽量可视的方式，对学生完成某项任务的情况或者整体学习的成果进行评价，其本身可繁可简，可由教师制订，也可由学生

---

① 赵炬明.关注学习效果：美国大学课程教学评价方法述评——美国"以学生为中心"的本科教学改革研究之六 [J].高等工程教育研究 . 2019(6): 9-23.

任务：选择"健康""报纸"主题下的任意话题，通过文献调研和思考分析，撰写一篇不少于2500字，不多于3500字的说理性文章。

表10.1 写作课短文评价量表

评价维度	成绩等级				
	A	A−	B+	B	B−
选题 30%	选题以小见大、可执行；选题富有新意，问题意识清晰；选题具有学术价值，是学术界关心热议的话题	选题以小见大，具有一定的可执行性；选题对本科生而言有新意，问题意识比较清晰；选题较具学术探讨价值	选题可以执行；选题问题意识比较清晰，创新度有限；选题具有一定的探讨价值，但学术性有限	选题基本可执行；选题具有一定的问题意识，创新度不足；选题具有一定的探讨价值，但学术性不足	选题范围为庞杂，可执行性不足，囫囵吞枣；选题问题意识突出，不符合本科生研究视野；选题的学术价值较差
文献 30%	文献引用符合学术规范，文献多样化，包括期刊、书籍、论文等，总量多于10篇；文献引用核心期刊为主，能够找到经典文献	文献引用符合学术规范，文献引用较为多样化；期刊、书籍、论文等总量多于或等于10篇；文献引用能够把关文献质量	文献引用基本符合学术规范；文献引用较为丰富，来源多样，不少于5篇；文献引用时有一定的把关意识，尽量权威	文献引用基本符合学术规范；文献引用来源不一，不少于5篇；文献引用时缺乏把关意识，部分文献质量不足	文献引用不太符合学术规范；文献引用来源比较单一，文献数量不足5篇；文献引用时缺乏把关意识，文献整体质量不足
论证 15%	具有较强的论证意识；全文论据多样材料丰富；论证说理精彩打动人	具有一定的论证意识；证据较多样、材料较为丰富；论证有说服力	能够体现出论证意识；关键论点能够匹配合理证据；有一定的说服力	论证意识较为不足；证据较为薄弱，论述材料不足；说服力不强	论证意识明显不足；关键论点论证不足；全篇论证说理不足
思维 15%	具有较强的批判性思维；全文逻辑结构合理顺畅	具有一定的批判性思维；全文逻辑结构较为合理	能够体现出批判性思考；全文逻辑结构基本合理	批判性思考较为不足；全文逻辑结构有些问题	难以看出批判性思考；全文逻辑结构有较大问题
文字 10%	文笔流畅；表意清晰；标点使用准确	文笔较为流畅；表意较为清晰；标点使用准确	文笔流畅度一般；表意基本清晰；标点使用基本正确	文笔流畅度不足；表意不够清晰；标点使用有明显错误	文笔不够流畅；表意模糊含混；标点使用错误较多

121

自行制订，或者双方一起制订，内容通常包括任务描述、评价维度、评价标尺和评价结果等。[①]

　　比如，在我所讲授的写作课上，我在学期初就会给同学们（通常是大一新生）下发了一份关于主要学习成果（3000 字短文和 5000 字长文）的评价量表。表 10.1 是笔者自制的短文的评价量表，这份量表的纵项是评价学生写作稿件的五个主要维度，即选题、文献、论证、思维和文字[②]；横项是学生获得成绩的等级；内容项就是细化到每个等级和维度下具体的要求和评价标准。这些要求和评价标准中能够被量化的应该尽量地将之量化，如文献使用的篇数和多样性等；不能被量化的则应该尽量地将之拉开档次且使之可被理解和把握，如逻辑结构是否合理、选题是否以小见大、问题意识是否清晰等。

　　由短文评价量表可看出，对于刚刚开始学习学术写作的大一新生而言，最为关键的两个要素便是选题和文献。其中，文献是基础关，要从写作的第一天开始就注重文献引用的规范性和对经典文献的研读；选题则永远是最重要的一关，选题是否符合"小、清、新"的标准[③]且具有学术价值，是一切学术写作和开展研究的前提。换言之评价量表用直接与等级挂钩的方式再次向初学者强调了学术性写作的评价标准和其可以操作的方向。

　　到了长文阶段，评价量表就会有所变化（见表 10.2）。当初学者的文献工作基本上手之后，影响其学术写作成果更为重要的因素——思维和论证就凸显了出来。在很多高校，研究生往往先从文献综述开始锻炼，文献综述上手后再进行研究，也同样是这个道理。由表 10.2 可见，尽管纵项

[①] 史蒂文期，利维 . 评价量表：快捷有效的教学评价工具（第 2 版）[M]. 陈定刚，译 . 广州：华南理工大学出版社，2014: 13-19.

[②] 注：除了"文字"之外，选题、文献、思维、论证等四个要素，笔者都分别撰文进行了介绍，可参考本书的相关章节。

[③] 苏婧 . 学术性写作如何确定选题 [J]. 新闻与写作，2021(5): 101-105.

表10.2 写作课长文评价量表

任务：选择"健康""报纸"主题下的任意话题进行研究分析，通过材料组织和论证分析阐释所提观点，得出具有独创性的结论，5000~8000字。

评价维度	成绩等级				
	A	A-	B+	B	B-
选题 30%	选题以小见大，可行性；选题富有新意，问题意识清晰；选题具有学术价值，是学术关心热议的话题	选题以小见大，具有一定的可执行性；选题对本科生而言有新意，问题意识比较清晰；选题较具有学术探讨价值	选题可以执行；选题问题意识比较清晰，创新度有限；选题具有一定的探讨价值，但学术性有限	选题基本可以执行；选题具有一定的问题意识，创新度不足；选题具有一定的探讨价值，但学术性不足	选题范围较为庞杂，可执行性不足、图问题表；选题问题意识不突出，不符合本科生研究视野；选题的学术价值较差
思维 30%	具有较强的批判性思维；提出一定的原创观点，全文逻辑结构合理精彩打动人	具有一定的批判性思维；尝试提出一些原创观点；全文逻辑结构较为合理	能够体现出批判性思维；可以得出一些观点结论；全文逻辑结构基本合理	批判性思考较为不足；观点结论比较模糊不清；全文逻辑结构有些问题	难以看出批判性思考；难以识别作者观点结论；全文逻辑结构有较大问题
论证 20%	具有较强的论证意识；全文证据多样材料较为丰富，论证说理精彩打动人	具有一定的论证意识；证据较为多样，材料较为丰富，论证有说服力	能够体现出论证意识；关键论点能够匹配合理证据；有一定的说服力	论证意识较为不足；证据较为薄弱，论述说服力不强	论证意识明显不足；关键论点论证不足；全篇论证说理不足
文献 10%	文献引用符合学术规范，文献引用多样化，总量多于20篇；文献引用核心期刊为主，可引应用外文文献	文献引用符合学术规范；文献引用较为多样化，总量多于15篇；文献引用核心期刊居多，能够把握相关文献质量	文献引用符合学术规范；文献引用较为丰富，来源多样，不少于8篇；文献引用时有一定的把握意识，尽量保证质量	文献引用符合学术规范；文献引用来源不单一，不少于8篇；文献引用时缺乏把握意识，部分文献质量不足	文献引用基本符合学术规范；文献引用来源比较单一，文献数量不足8篇；文献引用时缺乏把握意识，文献质量整体不足
文字 10%	文笔流畅；表意清晰；标点使用准确	文笔较为流畅；表意较为清晰；标点使用准确	文笔流畅度一般；表意基本清晰；标点使用基本正确	文笔流畅度不足；表意不够清晰；标点使用有明显错误	文笔不够流畅；表意模糊不清；标点使用错误较多

的五个维度没有发生变化，但是其各项占比有所调整。与此同时，内容项的细则也出现了变化，如短文阶段文献多于 10 篇且来源和视角多样化就可以达到 A，但是长文阶段 A 的标准提高到文献数量达到 20 篇并且包括研读外文经典文献；再如思维方面，短文阶段主要是具有一定的批判性思维能力和合理清晰的逻辑结构，但是在长文阶段就要求同学们提出鲜明的个人创见。

在我的写作课堂上，这一组评价量表的使用会贯穿整个学期，我不仅会在开学初下发给同学们，我的课堂讲授也会呼应这些评价量表的各项维度和评判细则，夯实有关问题意识、批判性思维、个人创见的讲课内容；而且，同学们还会被要求按照评价量表的标准随机双盲地给其他同学的作品评价打分（见表 10.3），以加深同学们对评价量表的理解和使用。学生经过修改完成的终稿在提交后，教师反馈的也不仅仅是一个总评，而是一份基于评价量表的细致反馈（见表 10.4）。

表 10.3　学生基于评价量表的互相匿名评价

表 10.4　教师基于评价量表的终稿评价反馈表

2. 如何应用评价量表

综上可见，一份评级量表对于学术写作的作用不言而喻。**对于没有是非对错的写作而言，将对写作产出的评价尽量量化、循证、清晰、标准、可操作、可执行，有利于初学者找到写作和努力的方向，认识到自己的不足，促使其不断地进步。**但是，绝大多数的高校目前没有专门且专业的学术写作课程，初学者自己要如何为自己制作评价量表并予以应用呢？

我建议将之分为以下三个步骤。第一步，明确并建立当前这一阶段评价自身学术写作能力的若干维度（即评价量表的纵项）。笔者在本书中陆续介绍了选题、文献、思维、点睛、首尾、图表等若干学术性写作的要素，初学者可以结合自身的专业、所在的学习阶段、对于学术写作发表的要求等，选择 5~8 个要素作为评价的维度。比如，针对本科阶段的初学者，我认为如上述我自制的量表一样，选择选题、文献、论证、思维等要素即可；针对普博生、直博生此类有明确的学术发表要求的读者，我建议增加研究方法、学术棱镜等凸显写作学术性的要素。不建议列太多维度，否则应用起来反而抓不住重点。如果初学者实在难以取舍，则可以先用雷达图对自己当前学术能力进行自评（见图 10.1 的示意图，每个维度请指导老师或者自行进行打分，10 分为满分，8 分为优秀，6 分为及格），并着重挑选自身的弱项和学术写作的关键项将之纳入自己的评价量表中。

第二步，根据当前阶段的写作任务制定评价标尺（即评价量表的横项）。比如，当前的写作任务是撰写毕业论文，那么可以将评价量表的横项分成三个档次：优秀毕业论文、达标毕业论文和不达标 / 延毕毕业论文。如果当前写作任务是投稿刊用，那么也可以将评价量表的横项分成这样四个档次：C 刊优秀论文、核心期刊优秀论文、一般刊物论文和无法录用论文。需要说明的是，由于第三步是要根据现有的材料为评价量表的内容项填写细则，因此初学者自行制作的评价量表的横项要尽量具备可操作性。比如，一个学校的优秀毕业论文和延毕的毕业论文通常都是可查的，知网上的学术期刊的分类也是很清晰的，它们作为横项是适宜的。反之，如果学生自行制作的评价量表横项是 A、A-、B+、B 这样的等级，那么恐怕就没有什么可操作性了。

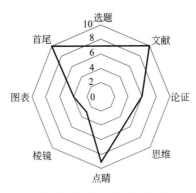

图 10.1　评价维度自评雷达图（示意）

第三步，也是最为关键的一步，就是基于第一步的评价维度和第二步的评价标尺，为评价量表制定尽量详细、量化、可操作、可执行的内容项。换言之，如果这份评价量表是针对毕业论文的，那么内容项就是在选题上归纳出本校优秀毕业论文的共性是什么、达标毕业论文的共性是什么、不达标或者延毕的毕业论文共性是什么，以此类推其他评价维度。如果这份评价量表是针对投稿论文的，内容项则无外乎是 C 刊优秀论文（尤其是专题文章、封面文章等）在选题上的共性是什么、核心期刊的文章在选题上的共性是什么，如果文章可以刊登，选题起码要做到什么，以此类推文献、论证等其他评价维度。

也许会有初学者反驳，这么做是不是太麻烦了。但磨刀不误砍柴工，一方面无论是优秀毕业论文还是 C 刊优秀论文，必须是年轻学者阅读和学习的文献对象，学术写作的提升没有一定量的优秀论文阅读做基础几乎是不可能的；但另一方面，只是阅读也不一定能够真正学习到相关优秀论文的长处，制作量表的优势在于能够结构化地剖析相关文章，将其长处用可评价、可感知的方式标识出来，启发作者有意识地进行批判性思考，从而有利于对其进行模仿、学习甚至是超越。并且，初学者还要有意识地找到本领域 C 刊优秀论文的共性，比如再前沿的文章也要有经典文献打底；又比如一定要具备本土意识和去西方化的理解；再比如标题的撰写一定要足够引人关注，等等。于是，**当一份评价量表制作完成后，相当于既是一份详细厚重的文献阅读记录，又是一份可以指导初学者前进的、可操作的学术写作纲要**。

想一想，说一说

1. 你平时是如何评估自己的文章的？如果文章屡投不中，通常你会通过什么方式了解自己文章的问题与不足？

2. 说一说，在你目前的写作中，最弱的是哪几方面？如果你给自己定制一份评价量表，你打算怎么做？

第11讲

慢工出细活：

学术作品的修改与打磨

作为教大一新生如何进行学术写作的老师，我最头疼的一件事就是让学生们意识到好的文章是要精雕细琢、不断修改与打磨的。这是因为应试教育的写作训练往往会给学生们形成一种错觉：似乎写作的常态就是"奋笔疾书"——30 分钟的时间洋洋洒洒、挥斥方遒，铃声一响，交给阅卷老师一份千把字的杂谈，写作就画上了句点。这导致了几乎没有任何新生会在发下卷子后再修改、润色自己的作品，分数已经宣告了作品的死亡，对其多看一眼学生们都觉得是浪费时间。

这种糟糕的写作体验，也导致学生们养成了糟糕的写作习惯。当大一的同学们选修了写作课后往往会非常惊奇：为什么不是期末结课后交一篇论文，根据论文的水平获得分数？为什么开学第四周就要交初稿，四堂课后能写出文章吗？为什么还要被老师叫去面批，稿子会被按着头改上多遍吗？本文就将结合笔者的教学经历，向初学者详解学术写作的修改之道。

1. 修改才是写作的常态

修改才是写作的常态，这是初学者进入学术写作之门应当学习的第一堂课。国内几乎没有哪个严肃的学术期刊会在作者投稿过去后就直接将其刊发。恰恰相反，除非极特殊的情况，如果期刊不需要作者进行任何修改则一般都意味着退稿，即完全关闭了作品刊发的通路。对于一位学者而言，投稿最开心的结果是"退修"，也就是说，期刊已给了作者修改的机会，这种修改的机会其实才是对作者作品的最大认可。投稿 S 刊更是这样，收到 Major（大改）、Minor（小改）都是开心的，都意味着稿件有发表的机会，尽管修改的过程往往很漫长，一年甚至更长的修改周期都是常态。

学会如何修改文章的前提是首先从思想态度上正视修改。**初学者要避免三种心态：不愿改、不敢改、不会改**。我认识很多学生，发现他们依然秉承着高考写作的习惯，认为写完就是胜利、就是完结，当被要求修改文章时他们总是推三阻四、很不情愿。这种态度是要不得的。学术写作不是应试作文，其要义不是展现自己的所谓文采，而是探究某个研究问题。在探究和论证问题的过程中，第一遍思考难免有疏漏，修改的过程其实也是再次思考的过程，是将研究问题愈发吃透的过程，因此修改本身就是学术写作的必需环节，而不是什么额外的工作。

一些学生愿意修改但却不敢下手改。他们总是担心自己改的不正确，甚至担心自己把原先精彩的句段改没了，文章越改越糟糕。这类同学的问题往往在于他们其实在写初稿的时候脑袋就是一团浆糊，研究问题并不明确，论证逻辑也不够清晰，所以对于文章到底哪里写得好、哪里写得差并没有自己的判断，很多初学者都属于这类。为此，清华大学的写作课特别将课程设计为"过程性写作"：16 周的课程中老师将陪伴同学们完成短文、长文两篇，同学们第 4 周就交短文初稿，老师会对每一位同学的作品进行详细批注，再逐个进行一对一的面批①，面批的重点就是交流初稿中暴露的选题、思维、文献或者论证中的问题，要义在于启发同学们"思维的思维"（具体可见本书第3讲），并引导他们建立一种对于学术文章的审美。经过两三周的消化吸收和修改，同学们要在第七周提交短文终稿，终稿在总成绩中的权重两倍于初稿。同样的流程，下半学期老师再引导每位同学打磨一篇长文。这种教学安排与期末提交一篇文章并打分的形式有本质性的区别，一方面它可以给初学者及时有效地反馈信息，相当于驾校的陪练环节；另一方面也促使学生尽快跟应试写作的范式告别，将修改视为学术写作的制度性安排。

当学生愿意主动修改、也敢于下手改之后，最为棘手的问题就是他们不会改。事实上，学术写作通常是孤独的，像清华大学写作课这样，学生们能得到非常详细的批注和一对一面批的是极少数情况，更多的时候写作者需要自己摸索着修改，会修改的写作者就会比不会修改的写作者走得更远些。我还记得自己做博士毕业论文期间，大的改动（比如调整结构框架、删增主体内容）就有五次以上，几乎全部是我自己探索的，因为我的导师既不研究中医、也不研究阿育吠陀医学，我甚至无法在清华大学找到一位对自己研究的领域非常熟悉的老师。正是在这种极度艰难且孤独的写作训练中，我感觉自己发生了蜕变，成长为了一名真正的学者。换句话说，会不会自行修改文章在我看来就是学生和学者的最大区别。

那么，如果没有教师的指导，自行修改通常可以从哪些方面着手呢？如何能够发现自己写作中的问题呢？下文将就此展开针对性的论述。

---

① 注：关于清华大学写作课特色环节面批的具体情况，可参见本人撰写的文章：苏婧. 作为形成性评价的面批——清华大学写作课特色分析 [J]. 高教探索，2021(6): 81-88.

2. 修改文章的三重境界

王国维在《人间词话》二十六章中说，"古今之成大事业、大学问者，必经过三种之境界"。在笔者看来，修改文章也往往会经历三重境界，这是一种从艰难困苦到豁然开朗的过程。

第一重境界：修改文字之境界。修改文章，使之文从字顺是初学者最容易上手的。这种修改并不难操作，无外乎就是从头到尾通读、修改和润色。不要小瞧这种修改，这是一切修改的基本功。在我所教的写作课上，会有个别同学交上来的作品通篇都是病句、错别字，连标点符号都是一逗到底，毫无章法和设计。对于这类同学，我的面批简单却十分奏效，就是让他们在我的办公室大声朗读自己的作品三遍。通常一遍下来，学生们就已经是大汗淋漓了，他们完全能够意识到自己写作中出现的问题。第二次再交上来的稿件一般都会通顺很多，逻辑上的问题也有明显的改观。

通过诵读来修改文章一般有以下几个注意事项：第一，能朗读就不默读。大声朗读能够刺激脑部的思考，因此朗读往往比默读能读出更多的问题，错别字、病句、意思模棱两可之处通常都可以在朗读中被发现。第二，开头、结尾和标题至少要读三遍。文章的核心部分或者被我称为"点睛"部分的要多朗读几遍，第一遍读意思，第二遍读感觉，第三遍读逻辑。在我的写作课上，有一名同学的作品内容是关于历史上瘟疫如何促进了城市公共卫生理念的兴起和公共卫生建设的发展的，他初稿的标题叫作《瘟疫与城市公共卫生——论中国历史上的瘟疫如何促进了城市公共卫生建设》。在面批时，我指出他的标题冗长，主副标题重复，让他诵读、修改。他读了一遍就将标题改成了《瘟疫与城市公共卫生》。我又让他反复诵读、继续修改，最后他再三斟酌，将标题改为了《中国历史上的瘟疫与城市公共卫生发展》。对比可见，第一个版本的标题反映了他思路不清、表意不明，第二个版本匆匆忙忙、敷衍了事，最后一个版本是最严谨的，清晰而准确地表明了文章的研究对象及其时空范围。第三，隔一段时间再朗读。很多人沉浸在自己的写作时空中，会觉得自己的文字怎么读怎么顺，但往往过上一两天或者换了一个场景就能够发现很多值得推敲的地方。因此，建议初学者不要养成赶着截稿日期写文章交稿的习惯，而应留出一两天的时间，给自己一些再思考的时间与空间，多通读、修改、润色几遍再提交文章。

第二重境界：修改文章之境界。修改文字与修改文章仅有一字之差，但是这两者的境界完全不同。从某种意义上讲，以通读来修改的方式时常会见树不见林，陷入"推"还是"敲"好的具体细节中，而很难从整体上把握文章、发现问题。因此，修改的第二重境界是要有意识地将镜头拉远，试图从骨架、轮廓、连接等角度总体地把握自己的文章。

所谓骨架就是文章的结构。在修改文章时不妨反问自己：文章的结构完整吗？结构清晰吗？如果将标题、首尾和段首句都拎出来，文章自己能"立"住吗？读者能明白文章的核心意思吗？通常学术写作是要列提纲的，那么完成的作品与提纲有出入吗？如果有，差异在哪里？差异是合理的、可解释的吗？

所谓轮廓，就是文章的研究范畴。建议不妨反问自己：我是否清楚界定了文章核心概念的使用边界？我的研究问题有没有时空或者场景的限制？我的论证回答有没有前提条件？比如，上述瘟疫与城市公共卫生研究的那篇文章，最关键的是要回答清楚公共卫生作为现代性兴起之后从西方传入中国的理念，是怎样能够应用于对中国古代城市防控瘟疫的解释中的？中国古代的城市建设者们在城市规划的过程中真的有过所谓公共卫生或者疾病防控的意识吗？

所谓连接，就是文章的逻辑脉络。同样须反问自己：文章的论证有没有明显谬误？论证有没有跳跃？有没有谬误？各个部分之间的连接是否自然而然、水到渠成？除了常规的从古到今、从现状到问题、从现象到本质以外，还有没有更精妙的章节连接方式？当能够一一回答上述问题时，对文章的修改也就不再只着眼于文章的血肉了，而是能够更进一步，把握文章的精、气、神。

我在修改自己的博士论文时，感觉最有成就的一点就是调整了原来的逻辑架构，在原来分别论述古代和当代中医与阿育吠陀医学跨文化交流的原框架下，增加了将古今连接在一起纵贯进行讨论的若干案例，因为我的文章想要表达的核心意思是"文化本身是流动的"，如果我们只谈论古代中医与古代阿育吠陀的跨文化交流，以及当代中医与当代阿育吠陀的跨文化交流，那么就会错误地以为古代的中医和当代的中医、古代的阿育吠陀和当代的阿育吠陀是同一回事。事实上不然，恰恰是由于传统医学在文化上的充分包容性，古代的中医在与包括阿育吠陀医学在内的各种传统医学的跨文化交流中也在不断进行自身的文化再生产，从古代的中医到今天的中医其实也是另外一种跨文化传播的进程。如是，文章拎出来"在文化流动中理解传统医学的跨文化传播"的那一章节，使得文章的结构和主旨观点更贴切、更契合。

第三重境界：修改思维之境界。如果说文字的修改和文章的修改还是在原稿的依托上动工的话，思维修改之境界讲求的就是超然于初稿之上，去更深层次地剖解这项学术研究中可能出现的问题。其着眼点是作者的研究，聚焦点已经在于"学术"二字，而不仅仅是文章。

此处不妨举个例子。一位同学对大学生不吃早餐的现象很感兴趣，然而他给我提交的写作初稿却令我哭笑不得。这位同学认为，"学生党"不吃早餐是因为资本主义的时间剥削，是数字资本主义让大学生们都变成了数字劳工，所以没有时间吃早餐。他的文章在引入了大学生不吃早餐的诸多现象调查之后直接话锋一转，大篇幅地介绍传统资本主义的剩余价值剥削以及新的数字资本主义对时间的剥削，而这些介绍文字几乎完全脱离了大学生吃早餐的事情，全部是对数字资本主义的批判。在面批时我问他，是不是最近刚刚读了有关数字资本主义的书或者文章，对这个理论很着迷？果然不出我所料，他是一名刚刚从工科转到社科的同学，对于理论的接触正处于看什么迷什么、迷什么信什么的阶段。于是，我反问他：你吃早餐吗？他说不吃。我又问他：那你打游戏、刷抖音吗？他回答不。"所以，你凭什么觉得学生都是因为刷手机过多所以不吃早餐呢？"他语塞了。

这位同学的问题其实很典型。初学者通常认为文章要应用某个理论才能显得"高级"，于是常常为了显示理论而应用理论，结果就是两张皮，风马牛不相及。研究方法的应用也是如此，要么就是只会用一种方法（比如内容分析法），做出来的研究都是一个模样；要么就是什么方法时髦就用什么，而完全不考虑研究问题的适配性。这些都是学术写作的大忌。而修改的最高境界就是要勇于发现自己学术研究上根本性、方向性的问题，甚至勇于将文章推倒重来。几轮的推倒重来大修后，文章自然也就豁然开朗了。

上面的例子还有续集。写早餐的同学在面批之后意识到不能生搬硬套理论，于是几乎重写了一篇文章再次找我面批。这一回，这位同学完全换了另外一个方向，他找到了国家统计局发布的《2018年全国时间利用调查公报》，然后认真进行了计算，指出大学生应该进行时间管理和健康管理，将每天平均休闲娱乐的69分钟挪去半小时作为吃早餐的时间，不吃早餐的情况就解决了。他的结论是"大学生不吃早餐的问题背后虽然影响因素错综复杂，但是经过本次文献调研，发现这一状况的改善前景还是很光明的。"我再次哭笑不得也非常困惑，问他：你觉得大学生不吃早餐，问题到底是大学生们在各种压力下的不得已为之，还是大学生自己"作"、不知道管理自己的健康？为什么前一篇你的基调还是难以抗拒的数字资本主义的剥削，这一篇你却如此乐观于这一情况的改善？他沉默了。这反映出，这位同学研究的初心本身就是模糊的。他只是朦胧地觉察到我不希望他写批判性的内容，结果只是为了"讨好"老师而走向了另一个乐观的极端。

这位同学没有意识到学术研究是没有标准答案的。关键在于第一，研究问题本身是不是真问题、好问题；第二，所采取的研究路径（理论、方法、模型、设计）是不是适配于这一问题的回答。比如，作为一名公共卫生领域的研究者，通常的着眼点都是社会政治经济的结构性因素。一个小孩在街上踢球摔伤了，临床医生的思考就是如何治好他。而公共卫生领域的研究者们就会去思考：为什么在这个时间段这个小孩不去上学而在街上踢球？为什么在城市规划设计中没有更好的活动场地让他踢球？为什么他没有接受有关道路安全的健康教育信息？等等。因此，我们大概率不会对孩子们进行问卷调查，也更不会写文章责难孩子或者家长没有健康管理的意识。我们更有可能会收集上学时间段适龄儿童道路安全伤害的数据，对比发现问题最严峻的城市或者街道，然后试图从结构性的因素中找到原因，提出基于公共卫生治理的建议。这一研究路径跟整个学科的价值观念、研究初心、写作动机都是适配的。

修改是学术研究者自己与自己的对话。仿佛一位精分的演员，时而将自己代入读者的席位去提问，时而将自己代入审稿人的角色去质疑，时而又回到了刚刚进入研究领域的自己，去把握学术研究的初心和动机。当研究者不再需要外界的指导和帮扶，依然能够在"为伊消得人憔悴"的状态中不断打磨自己的作品，甚至十年磨一剑，推出自己的代表作时，就会和王国维先生产生同样的感慨，"蓦然回首，那人却在灯火阑珊处"。共勉。

想一想，说一说

1. 你有没有修改文章的经历？如果有，是怎样的经历？你有哪些收获、心得和体会？

2. 你如何理解文章修改的三重境界？每一个境界，都是如何达成的？

第 12 讲

如何从阅读走向写作

阅读是写作的基础和起点。没有持续性的知识与信息输入，必然无法产生持续性的、有价值的输出。在清华大学的写作课上，教师通常会在第一节课就明确一点，尽管课程的名称是《写作与沟通》，但事实上，我们更希望培养的是写作与沟通的前提——思维与阅读。关于思维与写作的关系，以及学术写作需要锻造怎样的思维能力，笔者已经在第 3 讲中有所论及；本讲将聚焦阅读与学术性写作的关系，谈谈如何有效阅读。

1. 读书，而不仅仅是论文

几乎所有的高校都有全校同学必修的微积分课，但只有极少数的高校设有面向全校同学的写作课或者大学语文。高等教育体系对阅读的不重视，导致当下年轻人几乎是不读书的一代。通常的情况是，中学时代忙高考，只读语文课本；大学时代拼绩点（大学生学习成绩的一种评价指标），只读本专业教材；有幸读研或者读博，为了发表也只是埋头读本专业论文；工作之后便是与书本彻底绝缘了，更有甚者读书只是为了摆拍。

根据最新发布的《第十八次全国国民阅读调查报告》，2020 年我国成年国民图书阅读率为 59.5%，**大致每两个人中只有一人读书**，人均纸质图书阅读量仅为 4.70 本。①

不读书对学术性写作产生的影响是致命的。在我的写作课上，尽管我在第 1 讲时就会把推荐的阅读书单（大致 20 本书左右）下发给学生，但在一个学期的学习中，真正认认真真阅读了哪怕一本的学生也往往是凤毛麟角。很多同学对读书不以为然，觉得突击看个几十篇论文，写文章时东拼拼、西凑凑就能照猫画虎，写得八九不离十。但事实上，从学生们第四周交给我的初稿看，**他们的文章就可以明显地被分成两个档次——读过书的和没有读过书的。**

这两个档次的文章在很多指标上都有显著差异：前者的选题新鲜有趣，后者的选题呆板无聊；前者的论证层层深入、环环相扣，后者的论证就是一个大筐，什么相关的内容都往里装；前者的参考文献丰富多样，有古籍、著作、学位论文，也有经典期刊论文，后者的参考文献却尽是些媒体报道、网络报告、维基百科或是某某职业技术学校学报这种极其边缘化的材料。其实第四周的时候，我并没有讲太多的内容，无外乎是选题的标准和文献的注释规范而已，学生们的作品之所以差别如此之大，全在于高中时期有没有读书、会不会读书、读的是不是好书。

好读书、读好书，对于学术性写作的贡献至少有以下几个方面：首先，**更容易产生选题的灵感**。在我的健康主题写作班上，第一节下课后 A、B 两位同学同时找我，A 同学说，他想研究文学作品中的疾病隐喻，让我推荐一本合适的文学作品让他研究；B 同学说，他想研究马尔克斯《百年孤

---

① 中国新闻出版研究院 . 2020 全国国民阅读调查报告权威发布 [N/OL]. 中国出版传媒商报，[2021-04-24]. https://baijiahao.baidu.com/s?id=1697902011993153385&wfr=spider&for=pc.

独》中的疾病隐喻，因为他发现马尔克斯的另外一本著作《霍乱时期的爱情》有很多人已经研究过了。这时不用等我开口，A 同学就已经意识到了自己的问题。最后的结果是，B 同学顺利提交了一份自主研究、很有见地的文章，而 A 同学没有找到、也根本没有时间在两三周内阅读完某本文学作品并撰写一份 3000 字的论文初稿，他只能胡乱凑了一份欧洲王室遗传病对于欧洲政治局势影响的文章，而里面反复引用的文献只是一本旅游轶事大全。

论文是高度结构化的文章，它好比标准化流水线生产的快餐，而优秀的学术专著却是作者从选材到火候再到摆盘都精心设计的大餐，哪个对读者更有营养自然不必赘言。如果只是习惯看论文，选题就只会照葫芦画瓢，盲目追逐所谓的学术热点；但如果有视野开阔的阅读基础，在选题时就可以"海阔凭鱼跃，天高任鸟飞"，有望找到真问题，开辟出属于自己的研究领域。笔者的博士论文是《中医与阿育吠陀医学的跨文化传播》，笔者所在的学院从来没有一位老师或者学生写过有关阿育吠陀医学的题目，甚至在清华大学的学位论文库里这也是头一份。显然，我并不是读论文找到的选题灵感，而是在看过印度学者师觉月《印度与中国》一书后受到的启发。[①] 大多数学者关注的都是中国与古印度之间有关佛教的交往，但是孕育于更早期婆罗门教的阿育吠陀医学与中医横贯千年的跨文化传播则是研究的冷门，也是值得研究的真问题。

其次，**有更丰富的文献素材**。在我的写作课上有一个极端的案例。一位同学提交的学术文章，其所有的参考文献都来自同一篇已经发表的论文。这意味着，他很有可能只是看了这一篇论文就凑出了他的文章全部，那么即便这位同学查重通过了，这篇文章也很可能存在学术不端的问题。

---

① ［印］师觉月．印度与中国 [M].姜景奎，译．北京：中国大百科全书出版社，2018.

不读书，肚子里就没有存货，写作的时候往往只能撰写文献综述，所用的文献也只是二手或者三手的，很难找到无人发现和发掘过的文献素材。甚至很多量化研究受到的诟病也是如此。如果人文社科的文章只是立足于数据的获取和分析，而不是在阅读基础上对某一理论领域的深度理解和探讨推进的话，整个学科都有可能陷入无学的尴尬境地。

除了选题和文献，阅读对锻炼思维、提升论证能力和结构的搭建的能力等也大有裨益。从某种意义上讲，阅读能力就是串联学术性写作诸多要素的那根线，只有勤于读书、善于读书，学术性写作才能形成闭环、不断精进。那么，究竟如何才是有效阅读？本文将对此展开进一步分析。

2. 读经典，而不仅仅是流行

有效阅读的第一要义是阅读经典。季羡林先生的同事金克木先生曾撰写过一本值得玩味的书，书名叫作《书读完了》。乍听这个书名会感到奇怪，每年出版的书林林总总，据统计，仅 2019 年一年，中国图书新书出版达到了 224762 种①，如此浩如烟海的书怎么就读完了呢？

事实上，金克木先生的"书读完了"，指的是读书的态度与方法。其一，**要读经典**。杂书不是不可以看，但经典是无论如何不能错过的。且经典是有限的、可读的，并不是无限的、只能望洋兴叹的。从古至今，有文化的人往往被称为读书人，这里的书自然不是《金瓶梅》之类的杂书，而是四书五经之类的经典。甚至于整个古代的教育体系就是以读经典、背经典、默经典为核心。不过，什么才是经典呢？大学生很有可能对辨别经典是一头雾水的。如今的人比古人幸运，是因为图书种类繁多，可以各取所

---

① 智研咨询 . 2021-2027 年中国图书出版行业市场全景评估及投资策略研究报告 [EB/OL].
[2020-12-13]. https://www.sohu.com/a/437957014_120956897.

需，但今人也比古人不幸，是因为当下没有四书五经、《四库全书》之类的要目，经典往往都被埋没了。

如何识别经典？笔者有两个建议。第一，看学术大家的书单。我在做博士论文的时候由于选择的是学术研究的冷门，因此从哪里开始阅读就成了我的头号难题。我的做法是先找到季羡林、金克木这样的南亚研究学术大家，再看他们的学术著作中引用了哪些学术书籍，尤其是高频引用的书籍，于是这些书就成了我必看的经典。第二，在阅读中发现经典。伊塔洛·卡尔维诺在《为什么读经典》一书中写到，"经典是那些你经常听人家说'我正在重读……'而不是'我正在读……'的书。""经典是一本每次重读都好像初读那样带来发现的书；是一本从不会耗尽它要向读者说的一切东西的书。"① 这个定义意味着，经典就是那些能让人反复阅读且一直读不尽的书。譬如，《西游记》尽管是一本我小时候阅读的经典小说，但却与我的博士论文产生了交集。我依稀记得，《西游记》中有朱紫国行医的内容，孙行者用悬丝诊脉的方式给朱紫国国王诊断出了"双鸟失群之症"，当我再读这一篇章时，意外地发现我不仅可以用 Chen 和 Starosta 提出的跨文化交际的三角模式② 去分析孙行者的沟通策略，悬丝诊脉也恰恰是勾勒出南亚阿育吠陀医学、藏地传统医学和中医跨文化互动的线索。③

其二，**要将经典编织成学术网络**。从上文分析不难看出，今日的经典不是机械化的统一书单，每个研究者都可以发掘、创建属于自己的经典书单。不过，经典阅读的关键并不仅仅是一本一本地读这些经典，而是要将这些经典编织成学术脉络。恰如金克木所说，"文化不是杂乱无章而是有

---

① [意] 卡尔维诺著. 为什么读经典 [M]. 黄灿然，李桂蜜，译. 南京：译林出版社，2012.

② Chen G M，Starosta W J. Intercultural Communication Competence: A Synthesis[J]. Annals of the International Communication Association, 1996, 81(1):18-19.

③ 苏婧. 从"朱紫国行医"看传统医学与跨文化传播赋权 [J]. 中医药文化，2020, 15(3): 8-17.

结构、有系统的。过去的书籍也应是有条理的，可以理出一个头绪的。不是说像《七略》和'四部'那样的分类，而是找出其中内容的结构系统"。①从丝为经，衡丝为纬，因而所谓经典绝不应仅是一个一个的散点，而应当能够编织出一篇炫美的学术图锦。

还譬如我的博士论文，与之相关的经典著作，纵向的应当是有关南亚历史与哲学的书籍，从史前文明到灿烂的吠陀时代，再到孔雀王朝和佛教主导的时代，以及伊斯兰化后的时期，每一个时期有其代表性的经典值得阅读，比如吠陀时代的《奥义书》。纵向的还应该有关于中国历史与哲学的书籍，我尤其关注东汉永平十年（公元 67 年）至唐贞观十六年（公元642 年）这五百余年的主要史料如新旧《唐书》，因为这段时间是中国与古印度文明交往的巅峰时期。纵向的另外两条线索分别是阿育吠陀医学的发展中，其先后形成的三本经典:《阇罗迦集》(*Caraka Samhita*)、《妙闻集》(*Susruta Samhita*) 和《八支心要集》(*Astanga-Hrdaya Samihita*)，以及中医的发展和如《黄帝内经》之类的典籍。而横向的则是有关跨文化传播研究的经典著作，以及包括如上文提到的师觉月的《印度与中国》这类关注古代中国与古代印度交往的经典书籍。最终，我的博士论文参考文献超过了 300 条，其中一半以上是书籍而不是论文，且书籍多是经典，而不是流行著作。

通过诵读经典而形成关于某个领域的学术网络，是一位研究者从初学走向成熟的关键。正如一位做传播政治经济学研究的学者不可能不阅读马克思、恩格斯的经典著作，也不可能跳过斯迈兹的受众商品论直接去看和仿写有关数字劳工的论文一样，只看流行的、最前沿的论文，而不能扎扎实实把握相关学术研究的脉络，真正的占有经典、产生自己的理解的话，学术研究必然是无源之水无法长流，学术内容的生产力势必会早早地枯竭了。

---

① 金克木 . 读书完了 [M]. 上海：上海文艺出版社，2017.

3. 主题阅读是走向学术生产的基础

有一本神奇的书，书名就叫作《如何阅读一本书》①。其实，这是一本 1940 年就出版的书，在全球范围再版无数次，其本身就可以被称为经典。在这本书中作者们指出，**书籍的阅读有四个逐渐递进的层次：基础阅读、检视阅读、分析阅读、主题阅读。**

前三个层次的阅读很好理解：所谓基础阅读是我们与生俱来的阅读能力。从识字开始，我们就可以逐字逐句地阅读一本书，并且产生对它的理解。关键在于我们愿不愿意花时间去打开一本书，从头到尾不放弃地将它读完。

检视阅读，也被称为系统化略读，则是一种后天训练出来的阅读能力。正是因为我们分配给阅读的时间往往是十分有限的，所以人们需要用最短的时间高效地了解一本书的大意和创新点，这就是检视阅读的关键。通常在检视阅读时需要先读一本书的目录、前言、后记这些关键部分，或者读一篇文章的摘要、首尾这些关键内容，再根据自己的需求，有所选择地阅读书籍的部分篇章或者论文的核心内容。尽管这种阅读是高效的，但是在作者范多伦看来这只是阅读的较低层次，其作用至多是获取信息或者知识，而很难通过阅读来启发理解力和批判思维能力，也难以进一步激发学术创作。

分析阅读和检视阅读正相反，后者追求的是在有限时间内的最佳阅读，而前者追求的则是在无限时间内的充分阅读。毫无疑问，前文提到的经典更适合的是分析阅读。分析阅读需要精细地咀嚼和深度的思考，读者不仅要问自己这本书讲了什么（what），更重要的是要问为什么作者会这

---

① [美]莫提默·J.艾德勒，查尔斯·范多伦.如何阅读一本书[M].郝明义，朱衣，译.北京：商务印书馆，2004.

样写、为什么用这些素材以及如何得出这个结论（why）。

但仅仅是细细品味还不够，阅读的更高阶层次是主题阅读。在我看来，一个识字的文化人只要有毅力、有恒心，通常都可以达到分析阅读的境地，但是一位优秀的研究者如果想要出版属于自己的学术作品，则必须要努力达到主题阅读的境界，只有这样才算是以写作为目的的有效阅读。**所谓主题阅读（syntopical reading），在我看来是一种研究的准备工作。这种阅读的对象并不是一本书，而是一系列书，这些书有着共通的主题。读者要做的是试图找到这些书籍之间有什么对话、如何对话、为何这样对话，从而发现自己介入这些对话的机会与方式。**

譬如，在我的报纸主题写作课上，我首先会发给同学们《从莎草纸到互联网》这本书的第六章——"到咖啡馆去：社交媒体如何促进创新"，让同学们讨论 16、17 世纪的咖啡馆在当时的社会交流中扮演怎样的角色，通常他们的讨论都很热烈，甚至有同学联想到了我国唐代的酒肆，说那里类似咖啡馆，是很多诗人出灵感和发表作品的地方。但当我再发给他们哈贝马斯《公共领域的结构转型》这本书的相关选章时，他们就大呼佶屈聱牙，认为根本看不明白。这时我就会让学生们仔细对照，看看两本书有关公共领域的描述有哪些相通之处以及哪些不同之处，再思考为什么两本书会用风格迥异的文字去书写，其背后的目的和逻辑是什么。最后，我还会发给他们我自己撰写的一篇有关哈贝马斯公共领域的论文[①]，再让同学们各抒己见，以公共领域为题，谈谈还可以有怎样的研究选题和切入角度。

从某种意义上讲，主题阅读锻炼的是一组与学术写作有关的能力：首先，研究者要能够找到关于某个主题的一组文献，其中必须要包括经典理

---

① 苏婧. 寻找一个完整而非碎片化的哈贝马斯——谈"公共领域"思想及其发展 [J]. 新闻界，2018(5): 67-76.

论著作、高引学术论文和相关前沿文章，这考验的是研究者的文献能力；其次，研究者要能够梳理出这一研究主题中学术生产的主要脉络，从前研究的重点是什么、如今探讨的重点是什么，这考验的是研究者的思维和结构能力；最为关键的是研究者要能够重新回到经典理论文本中，再次深度解析、无死角阅读，去挖掘那些经典著作中的未尽之意，并将之安放在学术生产的网络中，使之能够有效地与当代人的学术研究对话，也能对前人的学术研究有所呼应，这考验的则是研究者的阅读能力以及由此生发的选题能力。故在我看来，从主题阅读中开始写作应当成为每个初学者学术生产的起点，这会使初学者的研究基础更为扎实、厚重，也会使初学者产生可持续的研究兴趣与动力。

本文的最后是送给初学者关于有效阅读的几点建议：第一，既要勇于打开一本书，也要勇于合上一本书。并不是所有的书籍都值得初学者学习和效仿，学会甄别值得和不值得阅读的书籍是每位学术研究者要上的第一课。第二，阅读没有捷径。大数据时代，可选择的媒介太多，人们的注意力不断被分散，很多学生读书就是走走形式，一般是豆瓣上刷刷书评、目录前言翻一翻，就美其名曰读完了一本书。如此蜻蜓点水是不可能从阅读走向写作的。阅读书籍不仅要将其全部占有，对经典书籍还应当反复占有，所谓读书从厚到薄、再从薄到厚便是如此这般。第三，给自己列一份必读书单。**大学恐怕是一个人可以心无旁骛单纯阅读的最佳时间了，我建议每一位大一新生都要结合自己的阅读兴趣以及师长们的推荐，给自己列一份大学必读的书单**。书不需要多，大学四年能认认真真读完二三十本经典书籍恐怕就已经会有非常多的收获，也足以判断出自己是不是真的适合走学术研究的道路了。第四，使用批注、读书笔记和思维导图。读、写与思考这三个要素是捆绑的，读书不能光凭眼睛和嘴巴，也要通过记笔记、划重点和写思维导图的方式，把大脑和手脚都用上，说不定哪个灵感迸发就能写出一篇好的文章。最后，既要保持阅读的新鲜感，也要保持阅读的责任感，让自己不愧为一个"读书人"。

想一想，说一说

1. 你读过哪些学术著作？它们对你的写作有启发吗？是怎样的启发？

2. 你如何理解主题阅读是走向学术生产的基础？

3. 你如何理解学术经典？研读经典有怎样的方法？

附录　学术小白读后感摘录

1. 娄颖灏　机械 94　2020 年春季学期选修健康主题写作课

今天拜读了苏老师的著作，我最大的感受就是仿佛重回课堂。老师在书中举的很多例子都是当初在课堂上用过的，配合着课堂内容来阅读这本书，会让我对书中的例子有着更为深刻的印象和收获。

老师在文中提过几次大学论文和高考议论文的区别，我认为这一思维跨度是写作入门者会遇到的最大的障碍。只有破除大部分高中作文的程序化理念才有可能写好大学论文。

书中给我印象最深的部分就是论证一讲最后举的几个谬误例子。我不太确定这些例子在我当初上课的时候是否听过，即使听过，也因为我本身经验太少，没有共鸣而印象不深。如今重读这些谬误案例，我只觉相见恨晚，书中非常透彻地讲述了 5 种主要的谬误，篇幅不长却非常易懂，对我目前写作中遇到的问题起到了极大的警示作用。我认为，写作初学者也许并不能完全感受到这些谬误的典型性，但随着经验的增多，他们一定会对此产生共鸣。

本书与课程内容紧密呼应（至少和 2020 年春季学期的课程关系是如此），而不是另外举很多例子来论述相同的观点。我认为这是本书一个很大的优点，对于选修写作课的本科同学来说，这样带给他们的印象会非常深刻。其实上课前，我已经淡忘了很多东西，但再次拜读这本书的时候，被唤起很多尘封的记忆，那些片段不断在我脑海中浮现。

我在书中做了一些"批注"，但远远还算不上"点评"，这些不过是我阅读时的一些思考，我希望能从一个学生和读者的角度把自己的阅读感受反馈给老师。

当课程有了教材之后，就会更加体系化。这本书付梓之时我也要购买一本，以其作为我学术写作的启蒙留念。

2. 谭心逸 电 91 2020 年春季学期选修健康主题写作课

写作，是一种超越时空限制的表达方式。而学术性写作更是一项逻辑严谨的思想交互工作。对于学术小白来说，在面对这样一座错综复杂的迷宫或高耸入云的学术殿堂时，难免有些无所适从，而这入门十二讲将成为小白们的前行向导，带领他们一步一步脚踏实地地走入这座由无数学者一砖一瓦构筑起来的思想宝库。

我将 12 讲内容大致分为 3 个阶段，对应学术写作的前、中、后 3 个阶段：

写作前，重在选题、文献与思维，它们如同大树的根脉：选题的"小清新"有助于将我们的研究视角聚焦于一个核心现象，并能以此发散出更多的脉络。而找到发散的方向，则需要相关话题的不同文献为我们勾勒出该领域研究的现状，提供一些思路和灵感。同时基于选定的中心与已有的文献，我们需要用自己的思维独立挖掘出一条值得探求、能够探求的崭新道路。这些都是在下笔之前需要思考清楚的问题。

写作中，包括构思文章的结构、论证，具体要写的标题、摘要、开篇、结语，以及直观的图表运用都会涉及到，特别是文章的结构如同大树的树干，起着支撑主体的作用。不同方向的论证板块就像伸向不同方向的枝干，可以拓展多元化的思路，只有不蔓不枝、清晰简明的结构与严谨条理、逻辑深刻的论证才是"立文之本"。而文章几个重要部分的写作也值得仔细打磨一番，它们如同树冠上的花果，能够给读者以直观的第一印象，所以精炼独到的标题、引人入胜的开篇、余音绕梁的结语以及清爽利落的图表

151

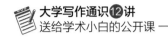

都是重要的文字表现手法。

写作后，需要多次的修改打磨，这类似于对树木的修剪，除去一些不必要的枝杈才能让文章突出中心和凸显重点，给读者传递出最根本、最核心的信息。这部分往往是学术小白一时最难以习惯的，而书中也对此做了详细的阐述与指导。

总体而言，作为引导性文本，本书的各篇文字是学术性写作道路上的一个个驿站，让行走在写作道路上的人能够在不同的阶段小憩、反思，同时获得新的收获与指引，而每一步脚踏实地的前行，终将成为徜徉在学术写作殿堂时的难忘记忆。

3.郑懿　未央书院　2020年秋季学期选修健康主题写作课

当我们离开高考考场走进清华园，恐怕没有一个人愿意承认自己是一个写作"小白"。我们受过系统的训练，将"三段论"奉为圭臬，将名言警句化用于文中，千字文章一挥而就，看似天衣无缝，实则难禁推敲。元好问有言："言为心声，文如其人。"此言不虚。文字是心灵的窗户，若所言并非所想，文字便只能沦为行尸走肉般的存在。故开启学术写作的第一步应是摆正自己的心态，把自己当作一个"小白"，从"喊口号"的写作模式中跳脱出来，做到言之有理，言之有物。这是清华写作课教会我的第一件事，我也一直对此充满感激。具体到行动上，便是从文章的每一部分着手，重新审视其要求，恰如婴儿学步：从"小清新"的角度细细打磨选题；在文献引用中把握学术规范；在推敲琢磨中培养批判性思维；在步步推进中完成论证。当然，《大学写作通识12讲：送给学术小白的公开课》并不只是真正意义上的"小白"们的读物，也并不只是单纯地教人写作，在学习学术写作的不同阶段都可以重新拿出来读一读，每次都会有不一样的感受。

书中的理论和例子也许会从脑海中淡去，但每次翻开它，我都意识到自己在学术写作上的确仍然只是"小白"，如果能够时刻保持对于学术和学术写作的敬畏之心，那么自己方可算是真正入门了。

4. 齐宇　未央书院　2020 年秋季学期选修报纸主题写作课

我是苏老师"报纸"主题写作课上的一名学生。很荣幸自己能在大学生活刚刚起步的时候得到苏老师的指导。学术写作对于我这样的大一新生而言其实是颇有难度的。没有出卷人命题，我该如何找到一个心仪的选题？如何判断我的选题是否有价值？怎样才能与学术界已有的成果进行互动？如何理清我的文章脉络？以及更重要的——我为何要写作？苏老师的课堂解答了我的这些困惑。通过一学期 15 节写作课，还有短文、长文的撰写以及面批，我掌握了最基本的写作方法与规范，体会到了"我手写我心"的乐趣，获得了思维方式上的进步和基于独立思考形成的对于写作主题的理解。这一切都与苏老师的指导密不可分。

这本《大学写作通识 12 讲：送给学术小白的公开课》是从苏老师写作课内容中提炼出的精华。读到它们，我不禁回想起一年前的写作课上苏老师为我们讲解这些内容时的情景。在每周五下午的一个半小时内，苏老师带领我们品读那些经典学术著作在选题、结构上的种种巧思；用自己博士论文的写作经验告诉我们文献检索和组织结构的重要性；以及在面批过程中给我们的各种有针对性的建议等。而本书也完美地继承了苏老师授课方式的优点：运用大量的实例将无其趣味的写作要领变得鲜活起来，与此同时也令读者主动反思自己写作乃至思维上的不足，从而使读者取得进步。从选题到文献运用，再到论证、思维、结构、摘要与关键词，本书基本覆盖了写作的各个环节，可以为"学术小白"提供全面的引导。

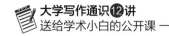

总而言之，对于尚未接触过学术写作的人来说，本书非常适合用于入门。对于已经接受过写作训练的人而言，本书也能助你温故知新。

5. 戴逸清　英 02　2021 年春季选修报纸主题写作课

如果你问我对"写作与沟通"课程的印象，那么第一时间浮现在我脑海中的会是深夜昏黄灯光下抓耳挠腮的自己，是苦坐一下午但 word 文档中却没增加几个字的自己，以及最后面对万字长文时成就感满满的自己。关于技术型的学术干货，苏老师已经在书里阐述得非常详细，即使选过老师课程的我再读一遍也感到受益匪浅。因此在这里只想谈谈我自己，一个正在学术写作之路上探索的大学生对还在摸索入门的同学们的一些小小建议。

首先，"博观而约取，厚积而薄发"。"到底写什么啊？""到底什么有研究价值，也能让我做一点点学术创新呢？"，这些问题数度困扰着我。事实上，我的两篇长短文选题的确定都是在电光火石间通过联想完成的，且都和我过去看的书、看的视频资料有关。比如我的短文选题——《消费主义文化下女性时尚杂志的广告陷阱》便是如此得来，在知网上看女性杂志的相关论文时，我发觉其往往都提到广告占比极大这一现象；而我之前曾在 b 站看过有关消费主义和广告相关的科普视频，于是此时我自然而然将两者联系到一起进行思考。而长文选题——《传统纸媒衰落下时尚杂志的虚假繁荣》也是在日常生活中发现了时尚杂志保持高销量的现象，了解到是粉丝经济的影响，从而促使我不断深挖寻根最终所得。"操千曲而后晓声，观千剑而后识器"，只有当拥有一定的知识基础后，你才能以思维之思维去创造知识间的新联系。这里我的建议便是：多看书，多学习。不一定要什么都懂，但至少要选择一个自己感兴趣的领域深入了解。

其次，"兼听则明，偏信则暗"。落笔写文章时我才发现自己的观点很多都是很散很细碎的，会陷入不知如何形成论证观点的迷茫之中。我觉得这种时候一定要多多和别人交流，听听别人的想法。不同年龄、身份的人格局、阅历不同，与人交流都会带来看问题的新视角与启发。比如，在我撰写长文的最后部分，也就是有关如何论证时尚杂志的虚假繁荣的部分时，自己一度不知如何落笔，在和苏老师的交流中，她提出可以用鲍德里亚的"内爆"理论来解释，于是我恍然大悟后成功完成了这段分析，她的建议为我的文章提供了坚实的理论基础；而在思考如何用数据说明某些趋势时，我的朋友也提供了很多关于榜单数据统计的机构素材，这些素材极大地丰富了我的文章。所以，多多和他人交流会让自己的格局拓宽，思路更加明朗。

最后，"不满是向上的车轮"。学术写作不是一蹴而就的，需要细心、耐心与恒心。真理探寻之路崎岖，研究写作之路亦然。因此要培养自我批判的意识与能力，不断反思哪里的思路不够清晰，哪里的论证不够完备，哪里还可以补充修改。世上没有完美的作品，在写作上所花的所有思考、纠结、踌躇的时间都是值得的，哪怕呆坐在电脑前一下午没有文字产出，实际上也是在锻炼自己的思维。这世上不是所有收获都会以具象的方式体现。

"人生必有痴，而后有成。"在写作之路上需先找到内心的火，找到对研究、对探寻真理的热情，一切才会自然而然地降临。"写作与沟通"课程引领我们走上学术研究之路，往后的一切都须我们自己去学习摸索。但是困难的事情做起来才有趣，不是吗？

6. 徐赫临 自94 2019年秋季学期选修健康主题写作课

作为进入大学之后的第一门写作课，"写作与沟通"帮助我完成了从

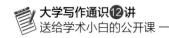

高考作文到学术写作的风格转型。我第一次明白在学术写作中，如果素材的套用不合规范，即便辞藻再华丽也一钱不值。写作课的健康主题虽然并非我自己的专业，但是在专业相关的综述、论文写作中，我学会把心血花在选题的斟酌、文章结构的组织、自己主要观点的呈现上；写作课学到的经验在我其他学科领域的学习和研究中也都很有益处。

7. 杨彦之　美术学院　2021年春季学期选修健康主题写作课

首先，这本书的内容与在清华"写作与沟通"这门课程中老师的教授内容几乎完全一致。从大体结构到具体步骤都给出了解释和相应的行动指导。其实在初次面对学术写作时，我们常常需要迈出的第一步就是放下对于学术写作的畏惧心理，而这本书中列举的案例，有正面的，也有负面的，让小白读者更能感受到学术写作中"人"的气息。这是一味瞻仰优秀文章所无法给予的。

其次，无论是上写作与沟通课，还是读这本书时，我觉得最让人受益匪浅的就是"批判性思维"的部分。苏婧老师在"写作与沟通"的课外，也与我单独沟通探讨过相关问题。《公正：该如何做是好？》这本书就是苏婧老师推荐给我的。尝试让受教育者离"在思想上成为一个独立的人"更近一点，是这本书与清华大学"写作与沟通"课通过强调"批判性思维"这一点，给我留下的最深刻的印象。

8. 傅恒　建筑系　2021年春季学期选修健康主题写作课

亲爱的苏婧老师：

您好！首先我在此表达对这16周来您辛勤付出的感谢！我是建筑系

的傅恒，以下是我对于我的长文终稿修改的陈述，以及一些感言。

我感觉长文的主题与短文相比更加深入了一步，不像短文那样写到"一一应答"就结束了，但是实际上这只是表面原因，这个选题更深层的原因才是这个选题最有价值的地方。

由于这个选题离我们的生活比较远，我对于它的全部认识都来源于我所阅读的文献，所以在写作过程中我感到最有挑战性的是从零开始学习一个全新领域的知识，并梳理、分析这些知识，提出问题、写出结论。

如果有可能我希望再多了解一点中国当代史，把自己文章的第四部分写得更完善一些。

回首过去的几个月，我在写作课上的经历颇为"丰富"，吃过苏老师订的 1 顿外卖，喝过苏老师订的 1 杯咖啡、1 瓶冷泡茶、1 杯奶茶；写了8000 多字，读了 1 本大厚书、一些书中片段和许多论文，听了 4 场读书沙龙、1 场新闻发布会，了解了老师的一些人生经历，看了许多课前视频、几个电影片段和电视剧片段；体验过长文选题被毙、长文初稿从早八点一直写到截止时间前一分钟，然后查重不过，长文结题汇报提前一分半钟结束；也被夸过"颜值高""高中的底子扎实""整体一直表现得很好"；学到了礼貌地写邮件、严谨地引用文献写论文，初识新闻发布会的样子，学到了一套自己的知识体系，学到了很多杂七杂八无法概括的知识，虽然不是第一次意识到但是又听到了"要成为自己"这句话。写作课确实很硬，室友调侃它有隐藏学分，但是写作课的收获也很多，很难概括，只能用上面的一些例子略表一二。

我不是一个对学术特别感兴趣的人，但也许以后哪天我也会意识到发论文的重要性；我还是比较喜欢读书的，但是在设计课（建筑系学生最硬的课）的压力以及数字媒体娱乐对时间的侵占下没怎么读书。寒假我打算先把手头的小说读完，再读一读建筑的两本专业书，还有《枪炮、病菌与

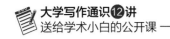

钢铁》和《贫穷的本质》等一些杂书；我很庆幸自己选择了——至少到目前为止——我喜欢的专业，即使有一些时候很忙但大一也还过得不错。

别人问起我的写作课老师怎么样的时候，我都会说，苏老师的要求比较高，但是人非常非常好。苏老师很照顾同学的感受，在严格过后常常私戳微信发一些鼓励我的话；苏老师会注重一些"课堂之外、人生之内"的东西，看得出来她很希望我们将来过得快乐、有意义。

最后，再次感谢苏老师付出的时间和精力，它是有意义的。祝苏老师论文越发越好，永远葆有一颗阳光、年轻的心！

学生

2021 年 1 月 2 日

致谢

这本小书的问世，首先要感谢每一位选修过苏老师写作课的同学。你们的写作，有些成为了 12 讲中使用的案例，有些激发了苏老师写作的灵感，有些得以发表或者正在发表的路上。正是每一篇真情实意的作品，照亮了我教书育人的道路，让我感到了职业的荣光，感到了写作的意义。也希望苏老师的写作课，让你们更好地认识自己，独立思考，认真生活。

更要感谢清华大学写作中心这个温暖的大家庭。在内卷和竞争成为生活常态的今天，我从来没有想象过，会有一个世外桃源般的集体，彼此之间能够毫无保留地相互帮扶、共同成长。写作中心是别致的存在，我们会一起备课，一起交流，相互听课，甚至相互分享 PPT、视频素材和讲课心得，学校教务处对所有写作课教师的评价都是"教学高能"。这本小书中的一些案例和思考，也受到了中心其他老师的启发，这是集体的成果，不仅仅属于我一个人。

感谢彭刚老师，感谢写作中心教学委员会的各位专家，感谢原中心主任梅赐琪老师和现在中心四位年轻有为的领导。在清华大学勤勤勉勉近二十载，从未有过如此主流的感觉。这本小书也再次让我坚信，写作课是我国高等教育改革的必经之路，我何等幸运，可以成为这场伟大改革的亲历者和见证者。我分外珍惜讲授写作课这个机会，也希望你们可以继续指导我、激励我、鞭策我。

感谢《新闻与写作》编辑王珏老师。2021 年 3 月 8 日，当王珏老师主动问我，是否愿意在新闻传播 CSSCI 刊物的 C 刊上开设学术写作专栏的时候，我还没有充分意识到它的价值。我只是懵懵懂懂地觉得，我可以把自己的教学心得写成文字，让更多的学生受益。没有想到，我的每一篇文章都得到了莫大的肯定，当一篇篇文章陆陆续续得以发表，我也渐渐萌生了将之结集出版的念头。

感谢清华大学出版社宋成斌老师。我并不是什么学术大咖，但是宋老师却在听了我的一次讲座后，成为我出版道路上最坚定的支持者。您总是热情地鼓励我，耐心地指导我，即便在我最灰暗的岁月里，也相信我能够拿出自己满意的著作。这是我们的第二次合作了，也希望这本小书，就是您第一次听我讲课时脑海中想象的样子，希望它不负您的信任。

最后，感谢我的爱人、父母、孩子、家人，感谢你们在我求学和工作期间的悉心陪伴，陪我走过这起起伏伏的二十年。我很幸运，成长在一个既有教书传统、又有行医传承的家庭，这成为了流淌在我血液里的基因——当一名教"健康"写作主题的大学老师，是我人生最好的归属。最后的最后，感谢资质平平、但始终努力不愿放弃的自己——婧婧你看，梦想会有实现的一天。写作，就是我最好的翅膀。

苏婧于清华园

2022 年 6 月